KB252567

내 운명을 바꾸는
슬기로운 대화법

내 운명을 바꾸는 슬기로운 대화법

초판 1쇄 인쇄   2026년 2월 19일
초판 1쇄 발행   2026년 2월 25일

지은이   이다행
펴낸곳   행복창조 대표 이문행
출판등록   제2026-000004호
주소   경기도 양평군 용문면 용문로 494 2호
전화   031-707-1707   팩스 0504-137-1700
전자우편   770moon@daum.net
홈페이지   https://happyworldlab.imweb.me
인쇄소   (주)네모연구소 02-2633-1308

값 17,000원
ISBN 979-11-997361-0-8 (13120)

이 책을 만나게 된 당신은, 참 다행이다.

행복창조

내 운명을 바꾸는
슬기로운 대화법

이다행 지음

WISE
CONVERSATION

행복창조

목차

“
왜 나는 늘 같은 문제로 다투고
속상해하는가?
”

우리는 살아가며 매일 누군가와 크든 작든 갈등을 겪습니다. 가정에서, 직장에서, 친구 사이에서도 사소한 말투 하나에 상처받고, 오해가 쌓여 스트레스로 괴로워하곤 합니다. 특히 가장 가깝고 친밀해야 할 가족과의 갈등은 우리를 힘들게 합니다. 왜 우리는 가장 소중한 배우자와 자녀에게 함부로 말하게 될까요?

가족관계에서 작은 갈등의 불씨라도 생겨나면, 우리는 쉽게 감정에 사로잡힙니다. '생산적인 대화'로 문제를 해결하려 하기보다는 불쾌한 상태로 대화를 끝내 버리곤 합니다. 상황을 정확히 파악하기보다는 상대를 내 뜻대로 설득하고 이해시켜 심지어는 '바꾸려고' 노력하기도 하지만, 그 결과가 만족스럽지 않은 경우가 많습니다. 저 역시 스트레스로 인한 갈등으로 관계를 포기하려 했던 적이 여러 번 있습니다.

사실 가장 큰 변화는 나 자신을 바꾸는 데서 시작됩니다.

로버트 그린은 『유혹의 기술』에서 "남을 내 뜻대로 하려면 먼저 자기 자신을 바꿔야 한다. 그러면 [관계가] 놀랄 만큼 원활하게 될 것이다"라고 말합니다. 나를 이기고 나를 바꾼다는 것은 참으로 어려운 일입니다. 그런데 더욱 어렵고 아이러니한 것은, 유전자도 다르고 생각도 다르고 성향도 다른 타인을 바꾸려 끈질기게 애쓰는 일입니다. 부부싸움이 반복되고 감정이 상했을 때, "왜 싸웠지?" 하고 돌아보면 별일 아닌 경우가 많습니다. 남성들은 아예 기억조차 못할 때가 있습니다. 그렇듯 '별일'도 아닌 일인데 우리는 왜 늘 같은 문제로 다투고 속상해할까요?

미국의 저명한 심리학자이자 정신과 의사인 에릭 번 박사는 수많은 대화와 감정의 흐름을 관찰하면서, 말 뒤에 숨은 사람의 마음 상태가 있다는 사실을 발견했습니다. 그는 이 관찰을 기반으로 '교류 분석(Transactional Analysis)'이라는 이론을 정리했습니다. 그 이론에 따르면, 우리 안에는 여러 자아 상태가 있습니다. 흔히 말하는 P('부성적 자아', '모성적 자아'), A('어른 자아'), C('자유로운 어린이 자아', '순응하는 어린이 자아') 등이 그것입니다. 교류 분석과 자아 상태의 인식에 주목

한 그의 이론은 고립된 관계, 오해, 직장 내 스트레스를 풀어내는 열쇠가 되어 줍니다.

이 책은 에릭 번 박사의 이론을 바탕으로 한 실제적인 대화법과 감정 훈련을 담고 있습니다. 우리 안의 자아 상태를 진단하고, 이를 건강하게 변화시키는 구체적 행동 전략을 소개하며, 누구나 일상에서 실천할 수 있는 워크북 형태의 연습 자료를 포함했습니다. 변화해야 한다는 것은 누구나 알고 있지만, 막상 실천하려면 무엇부터 시작해야 할지 막막한 마음이 들곤 합니다. 이 책은 그러한 어려움을 극복하기 위한 쉬운 해결책입니다. 제시된 것을 따라 하기만 해도, 자신도 모르는 사이에 달라져 있을 것입니다.

실제 강의 현장과 상담을 통해 확인한 생생한 사례들 또한 담았습니다. 충북 옥천 강의에서 만났던 한 여성분을 시간이 지나 우연히 카페에서 마주쳤습니다. 그분이 제게 "강의 내용을 실천하시나요?"라고 물었고, 저는 실천하고 있다고 답했습니다.

"이제는 아내와의 관계에서 진정한 신뢰와 소통, 공감이 생겼습니다. 외로움이 사라지고, 평안하고 밝은 분위기 속에서 진정한 행복을 느낍니다."

말투만 바꿔도 마음이 달라지고, 마음이 달라지면 관계가

좋아집니다. 우리가 매일 마주하는 감정과 대화 속에서 어떻게 하면 '행복한 나'와 '건강한 우리'를 만들어 갈 수 있을지, 함께 생각하는 여정을 이제 시작합니다. 이 책을 통해 여러분의 일상 속 작은 실천이 '운명을 바꾸는 계기'가 되기를 진심으로 기대합니다.

이 책을 만나게 된 당신은,
참 다행이다.

제1장

내 마음 나도 몰라요

: 나의 자아 상태 파악하기

1.

구조적 자아 상태 3가지
: 부모, 어른, 어린이

아내와 아이들과의 거듭되는 갈등은 벼랑 끝에 선 것처럼 나를 위태롭게 만들었습니다. 더 이상은 혼자 감당할 수 없는 삶의 무게 앞에서, 지푸라기라도 잡고 싶은 심정으로 수차례 망설인 끝에 비로소 전문가 선생님을 찾아 나섰습니다. 폭풍우가 치는 들판을 지나온 듯 잔뜩 움츠린 채 들어선 곳, 바로 한 평온한 상담실이었습니다.

오전 10시의 햇살에는 참 묘한 힘이 있습니다. 창가에 놓인 화분 잎사귀를 투명하게 비추며 상담실 안으로 길게 파고드는 그 빛을 보고 있으면, 왠지 모르게 마음의 빗장이 스르르 풀리는 기분이 듭니다. 테이블 위에는 방금 우려낸 허브차가

놓여 있고, 하얀 김이 아지랑이처럼 피어올라 공기 중으로 흩어집니다. 그 고요하고 평온한 풍경 속에서 선생님은 마치 오래된 친구처럼, 혹은 지혜로운 현자처럼 온화한 눈빛으로 저를 바라보았습니다.

그 따스한 침묵이, 내 안의 엉킨 실타래를 이제는 풀어놓아도 된다고, 속삭이는 것만 같았습니다.

"우리는 살아가면서 수없이 많은 타인을 만나고, 그들을 분석하며 살아갑니다. 그런데 정작 가장 가까운 존재인 '나' 자신에 대해서는 얼마나 알고 있을까요?"

선생님의 낮은 목소리가 찻잔의 온기처럼 따뜻하게 다가왔습니다.

"우리는 흔히 '내 마음은 내가 제일 잘 알지'라고 자부하곤 합니다. 하지만 살다 보면 정말 그런가요? 가끔은 사소한 말 한마디에 불같이 화를 내고는, 그날 밤 이불을 뒤집어쓰고 '내가 아까 도대체 왜 그랬지? 뭔가 씌었나? 이게 정말 나인가?' 하며 낯선 타인을 보듯 고개를 갸웃거릴 때가 있지 않나요?"

나는 찻잔을 만지작거리던 손을 멈칫했습니다. 어젯밤, 별 거 아닌 아내의 한마디에 소리를 지르고 방문을 쾅 닫았던 제 모습이 스쳐 지나갔기 때문입니다. 그 순간의 저는 제가 아니었습니다. 마치 통제할 수 없는 어떤 불덩어리 같았죠.

제 눈동자가 흔들리는 것을 보았는지, 선생님은 부드러운 미소를 지으며 말을 이었습니다.

"그건 너무나 자연스러운 혼란입니다. 자책하지 마세요. 사실 우리 마음이라는 집 안에는 '나'라는 주인이 딱 한 명만 살고 있는 게 아니거든요. 교류 분석을 창시한 에릭 번 박사는 우리 마음속에 서로 다른 성격을 가진 세 명의 입주자가 함께 살고 있다고 말했습니다. 우리는 상황에 따라 시시각각 가면을 바꿔 쓰듯, 이 세 입주자 중 한 명을 세상 밖으로 내보내지요."

선생님은 찻잔 옆에 놓인 하얀 종이 위에 펜을 들었습니다. 사각, 사각. 종이 위에 눈사람처럼 동그라미 세 개가 그려지는 소리가 적막한 상담실을 채웠습니다.

"먼저 마음의 가장 위층, 펜트하우스에는 '부모 자아(Parent)'라는 친구가 살고 있습니다. 한번 떠올려 보세요. 당신이 아주 어렸을 때 올려다보았던 아버지의 넓은 등, 어머니의 걱정스러운 눈빛, 선생님의 엄격한 목소리… 그 모든 기억이 고스란히 저장된 곳입니다. 마치 성능 좋은 녹음기가 24시간 돌아가고 있는 것과 같죠. 우리가 살면서 무심코 '사람은 모름지기 예의가 발라야 해', '남자는 울면 안 돼', '약속 시간은 목숨처럼 지켜야지' 같은 도덕이나 규칙을 엄격하게 따질 때가 있죠? 그때 당신의 입을 빌려 말하고 있는 그 근엄한 목소리의 주인공이 바로 이 '부모 자아'입니다."

선생님은 펜 끝을 가운데 동그라미로 옮겼습니다.

"그 아래 중간층에는 아주 스마트하고 냉철한 '어른 자아(Adult)'가 살고 있습니다. 이 친구는 감정의 파도에 휩쓸리지 않는 정교한 컴퓨터와 같아요. 과거의 케케묵은 상처나 지금 당장의 들뜨는 기분보다는, 오직 '지금 여기'의 차가운 현실을 있는 그대로 바라보죠. 데이터를 수집하고, 확률을 계산하고, 인과관계를 따집니다. '지금 몇 시지?', '이 문제를 해결하려면 예산이 얼마나 필요할까?', '가장 효율적인 동선은 어디일까?' 하고 합리적인 판단을 내릴 때, 당신의 마음의 조종석에 앉아 있는 건 바로 이 '어른 자아'입니다."

그리고 선생님은 마지막으로 맨 아래 동그라미를 가리키며 눈을 반짝였습니다.

"마지막으로 마음의 가장 깊은 곳, 지하실에는 '어린이 자아(Child)'가 자리 잡고 있어요. 당신이 다섯 살, 아니 그보다 더 어렸을 때 느꼈던 있는 그대로의 본능과 감정이 여전히 숨 쉬고 있는 곳이죠. 이 친구는 아주 솔직하고 겁도 많습니다. 맛있는 케이크를 보면 '와, 신난다!' 하고 발을 동동 구르며 좋아하고, 천둥이 치면 이불 속으로 숨고 싶어 하죠. 슬프면 엉엉 울고, 화가 나면 바닥을 뒹굴며 떼를 쓰고 싶은 충동. 그뿐인 가요? 세상을 놀이터처럼 바라보는 호기심과 톡톡 튀는 창의력도 모두 이 아이에게서 나옵니다.”

저는 설명을 들으며 제 안에서 수시로 번덕을 부리던 내 모습들을 비로소 이해할 수 있었습니다. 엄격한 판사 같았던 나, 계산적인 회계사 같았던 나, 그리고 철부지 아이 같았던 나. 이 셋이 한집에 살고 있었던 겁니다. 그런데 선생님은 찻잔을 내려놓으며 조금 안타까운 표정으로 화제를 돌렸습니다.

“문제는 우리가 혼자 살지 않고 타인과 관계를 맺으며 살아갈 때 발생합니다. 내 안의 이 세 친구가 다른 사람과 대화를 주고받을 때, 서로 주파수가 딱 맞아서 손발이 척척 맞으면 참 평화롭겠죠. 하지만 안타깝게도 가끔은 아주 엉뚱하게 빗나갈 때가 있습니다. 심리학에서는 이걸 화살이 엇갈렸다고 해서 ‘교차적 교류(Crossed Transaction)’라고 부르는데, 우리가 겪는 인간관계의 비극, 그 수많은 갈등과 오해의 씨앗이 바로 여기서 싹틉니다.”

선생님은 창밖을 응시하며, 우리가 직장에서 흔히 겪는 묘한 긴장감을 예로 들었습니다.

“차가운 형광등 불빛이 감도는 사무실을 상상해 보세요. 상사가 당신의 자리로 다가와 무심한 표정으로 서류를 내려놓으며 말합니다. '김 대리, 이 보고서 데이터 좀 다시 검토해 줄래?' 상사의 목소리에는 높낮이가 없습니다. 그는 그저 업무의 정확도를 높이기 위해, 팩트를 확인하려는 냉철한 '어른 자아' 상태였으니까요. 당연히 상사는 당신에게서 '네, 알겠습니다. 수치에 오류가 있나요? 어느 부분을 수정할까요?'라는 이성적인 '어른 자아'의 반응을 기대했을 겁니다.

그런데 그 순간, 당신의 마음속 어딘가 건드리지 말아야 할 버튼이 눌렸다면 어떨까요? 심장이 쿵 하고 내려앉으며 얼굴이 화끈거립니다. '또 지적이야? 왜 맨날 내 일만 가지고 꼬투리를 잡지? 나를 무시하는 건가? 내가 그렇게 능력이 없나?' 갑자기 팩트는 사라지고, 억울함과 두려움이라는 감정이 쓰나미처럼 밀려옵니다. 상사는 어른 대 어른의 대화를 청했는데, 당신은 잔소리 듣고 주눅 든 '어린이 자아'가 되어 버린 겁니다. 결국 퉁명스럽게 '아, 네. 알겠어요.'라고 대답하지만, 그 짧은 말 속에는 가시가 돋쳐 있죠. 대화의 결은 이미 어긋났고, 두 사람 사이에는 보이지 않는 차가운 벽이 생기게 됩니다."

이 감정은 자연스럽게 가장 가깝기에 가장 치열하게 부딪히는 곳, 가정으로 이어지곤 합니다.

"집에서는 이런 비극이 더 적나라하게 펼쳐집니다. 저녁 식사 후, 개수대에 그릇이 쌓여 있습니다. 하루 종일 육아와 가사에 지친 아내가 퇴근한 남편에게 말합니다. '여보, 나 오늘 허리가 너무 아픈데 설거지 좀 해 주면 좋겠어요.' 아내는 비난하려는 의도가 없었습니다. 그저 자신의 몸 상태(팩트)를 알리고 합리적인 도움을 요청한 '어른 자아'였지요.

하지만 남편 역시 회사에서 전쟁 같은 하루를 보내고 돌아왔습니다. 소파에 막 몸을 기대려던 찰나 들려온 그 부탁이, 남편에게는 아내의 호소가 아니라 엄마의 잔소리처럼 들렸을지도 모릅니다. 순간 욱하는 마음이 치솟습니다. '내가 밖에서 얼마나 힘들게 돈 벌고 왔는데, 집에서까지 일을 시켜? 나를 무슨 하인 취급해?' 남편의 입에서는 이성이 아닌, 억울하고 피곤해서 떼를 쓰고 싶은 '어린이 자아'의 말이 튀어 나갑니다. '아, 좀 쉬자! 나도 힘들어!'

여기서 멈추면 다행인데, 남편의 반응에 아내 역시 이성의 끈을 놓아 버립니다. 합리적이었던 아내는 순식간에 회초리를 든 엄격한 '부모 자아'로 돌변합니다. '당신은 어쩜 항상 그래? 자기밖에 모르지? 내 말은 귓등으로도 안 들어!' 이제 집 안은 싸늘한 전쟁터가 됩니다. 남편은 더 반항적인 아이가 되어 문을 쾅 닫고 들어가 버리겠죠. 서로를 설득하려고 말을 많이 할수록, 오히려 상처만 깊어지고 관계는 파국으로 치닫게 됩니다."

선생님은 잠시 말을 멈추고 차를 한 모금 마셨습니다. 목을 축이는 그 짧은 침묵 속에서 저는 친구와의 일화를 떠올렸습니다. 선생님은 마치 제 마음을 읽은 듯 씁쓸한 미소와 함께 이야기를 덧붙였습니다.

"우정이라는 이름 아래서도 우리는 자주 엇갈립니다. 한 친구가 정말 피치 못할 사정이 있어서 카톡 답장이 늦었다고, 아주 이성적이고 정중하게 양해를 구했습니다. 그는 '어른 자아'로서 상황을 설명한 것이죠. 하지만 기다리다 지친 상대방의 마음속에는 이미 '버림받음'에 대한 두려움이 자라나 있습니다. '변명하지 마. 너는 늘 너만 중요하지? 나는 안중에도 없지?'라며 서운한 감정을 쏟아 냅니다. 상처받은 '어린이 자아'가 튀어나온 것입니다. 논리적인 설명은 감정의 벽에 부딪혀 산산조각이 나고, 둘 사이에는 불필요한 오해와 거리감이 생길 수밖에 없죠."

선생님은 찻잔을 내려놓으며 나지막이 결론을 내렸습니다.

"결국 우리가 누군가와 대화하다가 가슴을 치며 '아, 정말 말이 안 통한다', '벽 보고 이야기하는 것 같다'며 고통스러워하는 이유는 단순합니다. 내가 보낸 마음의 편지가 엉뚱한 주소로 배달되었기 때문입니다. 나는 '어른'의 언어로 보냈는데 상대는 '아이'의 언어로 받고, 나는 '사랑'으로 보냈는데 상대는 '간섭'으로 받는 것. 서로 다른 자아의 안경을 쓰고 세상을 보고 있으니, 그 대화가 통역이 될 리가 없지요. 이것이 바로 우리가 겪는 소통의 비극, 그 시작점입니다."

이제 차근차근 진단과 성찰을 통해 갈등 상황을 분석하고, 내 마음의 흐름을 찾아가 보려 합니다.

아래 공간을 활용하여 자신의 경험과 자아 상태를 돌아보고, 실천 가능한 태도로 바꾸기 위한 연습을 시작해 봅시다.

● 진단＆성찰

문제 1. 최근 자신이 겪은 갈등 상황을 떠올려 보세요.

갈등이 일어난 장소/시간: ____________________

나의 반응은 어떻게 나타났나요?(부모 P/어른 A/어린이 C):

____

상대방의 반응은 어땠나요?(P/A/C): ____________________

그로 인해 어떤 감정이 생겼나요?(예: 억울함, 수치감, 화남 등):

____

만약 어른-어른(A-A) 교류였다면 어떤 대화가 가능했을까요?

다음 빈칸에 적어 보세요:

"내가 이렇게 말했다면…/상대가 이렇게 응답했다면…"

____

문제 2. 나의 자아 상태 경향을 돌아보세요.

평소에 대화 시 내가 자주 나타내는 상태는?(P/A/C):

____

그 상태가 반복될 때 주로 나타나는 말투·태도는?:

____

이 상태가 갈등을 유발하거나 고착화한 경험이 있다면 적
어 보세요:

____

● **실천&전환**

**문제 3. 다음 '전환 문장'의 예시대로 문장을 만들어 작성해
보세요.**

상황: 갑자기 끼어든 차 때문에 사고가 날 뻔했다.

내가 부모(P) 자아로 반응할 때 → 어른(A) 자아로 바꾸기
위한 마음 상태: "지금 내 안에 부모 상태가 나타나고 있구
나. 나는 어른으로 이렇게 말하겠다."

부모(P) 자아: 갑자기 끼어들면 어떡해… 사고 날 뻔 했
잖아.

→ 어른(A) 자아: 저 사람이 바쁜 일이 있나 보다.

____

내가 어린이(C) 자아로 반응할 때 → 어른(A) 자아로 바꾸

기 위한 문장: "지금 내 안에 어린이 상태가 나타나고 있구
나. 나는 어른으로 이렇게 말하겠다."
어린이(C) 자아: 저게 미쳤나. 에이 진짜, 성질나네.
→ **어른(A) 자아**: 환자가 타고 있나?

● **적용&습관화**

문제 4. 가능한 대화 상황을 하나 설정하고 연습해 보세요.
상황 설정:
내가 예상하는 나의 반응(P/A/C):
예상되는 상대의 반응(P/A/C):
내가 어른(A)자아로 대응할 문장:
대화 후 내가 평가할 포인트:

문제 5. 한 달 뒤 돌아보기를 위해 적어 보세요.
지금부터 4주 동안 이 연습을 지속한다면, 나에게 어떤 변
화가 있을까요?

실제로 변화했다면 그 결과는 어떻게 나타날까요?

자아 상태 이해

① 최근 7일간의 대화 중 내가 주로 나타낸 자아 상태(P/A/C)를 적어 보세요.

② 내가 부모(P) 자아 상태일 때 가장 많이 나오는 말투 또는 문장은 무엇인가요?

③ 다음 주 대화에서 어른(A) 자아로 바꿔 보겠다고 다짐하는 문장을 작성해 보세요.

④ 내가 어린이(C) 자아로 반응했을 때, 나쁜 결과가 나타났던 예를 떠올려 보고, "만약 어른(A) 자아였다면 이렇게 말했을 것이다"라고 바꿔 적어 보세요.

갈등 인식과 대화 패턴

① 최근 겪은 갈등 상황을 적어 보세요. (장소, 상대, 대화 흐름)

② 그 대화에서 내가 기대했던 자아 상태와 실제 반응했던 자아 상태를 비교해 보세요.

③ 상대방이 어떤 자아 상태로 반응했을지 가정하고, 어른-어른(A-A) 교류였더라면 어떤 대화 흐름이 가능했을지 적어 보세요.

④ 다음 만남에서 사용해 보고 싶은 문장이나 태도를 한 가지 적고, 실제로 실행하겠다고 다짐해 보세요.

설득하고 바꾸려는 태도에서 벗어나기

① "상대를 바꾸려 했다가 실패했던 대화"를 적어 보세요. 왜 실패했을까요?

② 그 상황에서 내가 바꿀 수 있었던 것이 '상대를 바꾸려는 태도'가 아니라 '내 반응'이었다면, 무엇일지 적어 보세요.

③ 앞으로 상대에게 요청이나 지시를 하기 전에 스스로 "나는 지금 어떤 자아 상태인가?"를 묻는 체크리스트를 만들어 보세요.

④ 한 주 동안 매일 "내 반응을 바꿔 본다"는 다짐을 적고,
매일 밤 간단히 기록해 보세요.

대화 스타일 전환과 실천

① 나의 말투 유형을 떠올려 보세요. "~해 줘", "왜 이렇게
안 해?", "내가 그랬잖아" 등 반복되는 문구가 있다면 적
어 보세요.

② 위 말투를 어른(A) 자아 말투로 바꾸어 적어 보세요.
예: "도와줄 수 있을까요?", "제가 이렇게 생각했어요."

③ 앞으로 쓰고 싶은 말투를 3개만 골라 목록으로 작성하
고, 실제로 다음 대화에서 하나 써 보기로 약속해 보세
요. "알았어요, 미안해, 알려 줘서 고마워."

④ 대화 후 스스로 평가해 보세요. (사용한 말투/상대의 반
응/느낀 변화)

변화 유지와 관계 회복

① 이 책을 통해 얻고 싶은 '나의 변화 목표'를 구체적으로

적어 보세요. (예: 한 달 동안 부부싸움 안 하기, 직장에
서 소외감 느끼지 않기)

② 변화 목표를 달성하기 위한 주간 체크리스트를 만들어
보세요. (예: 월요일: 어른 말투 사용하기, 화요일: 대화
후 기록하기, 수요일: 인정하기)

③ 지난 4주간의 변화를 돌아보고, 가장 크게 느낀 변화 한
가지를 적어 보세요.

④ 앞으로 6개월 또는 1년 후에 내가 어떤 모습이 되어 있
을지 상상하고, 그 모습을 메모로 남겨 보세요.

2.

기능적 자아 상태 5가지
: 관계를 결정짓는 마음의 습관

내 안에 사는 다섯 명의 낯선 입주자들

상담실 창밖으로 붉은 노을이 내려앉기 시작했습니다. 선생님은 천천히 자리에서 일어나 블라인드 사이로 들어오는 빛의 각도를 조절하고는, 다시 내 맞은편 안락의자에 깊숙이 몸을 기댔습니다. 테이블 위에는 식어 가는 찻잔이 놓여 있었지만, 선생님의 눈빛만은 여전히 따뜻한 온기를 머금고 나를 향해 있었습니다.

"우리는 방금 우리 마음속에 세 개의 집(부모, 어른, 어린이)이 있다는 걸 알게 되었습니다. 그런데 말이죠, 사실 이 마음의 집을 좀 더 자세히 들여다보면, 생각보다 훨씬 복잡하고 시끌벅적한 입주자들이 살고 있다는 걸 알게 됩니다."

선생님은 깍지를 낀 손을 무릎 위에 편안하게 올려놓으며, 마치 오래된 전설을 들려주는 이야기꾼처럼 낮은 목소리로 운을 뗐습니다.

"교류 분석에서는 이 입주자들을 다섯 명으로 세분화합니다. 저는 이들을 '마음의 다섯 가지 표정'이라고 부르곤 해요. 자, 지금부터 저와 함께 당신이라는 우주 안에 살고 있는 이 다섯 명의 목소리에 귀를 기울여 볼까요? 아마 듣다 보면 '어? 이거 딱 내 얘긴데?' 하며 무릎을 치는 순간이 올 겁니다."

1) 서슬 퍼런 내면의 재판관: 비판적 부모(Critical Parent, CP)

선생님은 갑자기 미간을 찌푸리며 엄격한 표정을 지어 보였습니다. 그 순간, 온화하던 공기가 순식간에 차갑게 변하는 듯했습니다.

"첫 번째로 만날 입주자는 당신의 머릿속 펜트하우스에 사는 '엄격한 재판관'입니다. 심리학 용어로는 '비판적 부모(CP)' 라고 하죠. 이 친구는 한 손에는 두꺼운 법전을, 다른 한 손에는 회초리를 들고 24시간 당신을 감시합니다."

"법전이라니요?"

내가 묻자 선생님이 고개를 끄덕였습니다.

"네, '인생은 이렇게 살아야 한다'는 규칙이 적힌 법전이죠. 혹시 당신도 이런 경험이 있지 않나요? 주말 아침, 모처럼 늦잠을 자고 일어났는데 개운하기는커녕 마음 한구석이 찜찜한 기분 말이에요. 그때 머릿속에서 누군가 소리칩니다. '해가 중천에 떴는데 아직도 잠이 와? 남들은 벌써 도서관에 갔을 텐데, 너는 왜 이렇게 게으르니? 정신 상태가 썩었어!'"

나는 흠칫 놀랐습니다. 바로 오늘 아침에도 느꼈던 기분이었기 때문입니다.

"이 목소리는 타인에게도 향합니다. 약속 시간에 5분 늦은 친구를 보며, 사정을 듣기도 전에 '기본이 안 된 사람이야'라고 낙인을 찍어 버리는 마음. 그것이 바로 CP입니다. 이 마음은 우리에게 도덕과 규칙을 가르쳐 주지만, 너무 강해지면 나 자신을 숨 쉴 틈 없이 몰아붙이는 독재자가 되어 버립니다. 완벽주의라는 감옥에 스스로를 가두는 간수, 그게 바로 이 첫 번째 입주자의 정체입니다."

2) 따뜻한 치유의 정원사: 양육적 부모(Nurturing Parent, NP)

분위기가 너무 무거워졌다고 느꼈는지, 선생님은 다시 특유의 부드러운 미소를 되찾으며 찻잔을 들어 올렸습니다.

"하지만 겁먹지 마세요. 우리 마음속에는 재판관만 사는 게 아닙니다. 그 옆집에는 정반대의 성격을 가진 '따뜻한 정원사'도 살고 있으니까요. 바로 '양육적 부모(NP)'입니다."

선생님의 목소리가 봄바람처럼 부드러워졌습니다.

"이 친구의 주머니에는 회초리 대신 밴드와 연고가 들어 있습니다. 누군가 실수를 저질러 고개를 숙이고 있을 때, 혹은 당신 자신이 세상에 홀로 남겨진 것처럼 초라하게 느껴질 때, 이 마음은 조용히 다가와 등 뒤에서 당신을 안아 줍니다. 그리고 이렇게 속삭이죠. '괜찮아. 그럴 수도 있지. 누구나 실수하는걸. 많이 힘들었지? 내가 따뜻한 밥이라도 한 끼 차려 줄게.'"

선생님은 나를 지그시 바라보며 물었습니다.

"친구가 실연을 당해 엉엉 울고 있을 때를 떠올려 보세요. 당신은 논리적으로 잘잘못을 따지는 대신, 그저 친구의 손을 잡고 휴지를 건네며 같이 울어 주었을 겁니다. '네 잘못이 아니야'라고 말해 주면서요. 그때 당신의 마음을 채우고 있던 그 따스한 온기, 타인은 물론이고 나 자신까지 보듬어 안아 주는 그 넉넉한 품이 바로 양육적 부모입니다. 우리가 거친 세상을 살면서도 무너지지 않고 다시 일어설 수 있는 건, 바로 우리 안에 이 치유자가 살고 있기 때문이죠."

3) 감정이 없는 유능한 파일럿: 어른(Adult, A)

"세 번째 입주자는 아주 독특합니다. 이 친구는 감정이란 게 아예 없는 사람처럼 보이거든요."

선생님은 손가락으로 자신의 관자놀이를 톡톡 두드렸습니다.

"마치 최첨단 슈퍼컴퓨터나, 폭풍우 속에서도 침착하게 비행기를 조종하는 '냉철한 파일럿'과 같습니다. 바로 '어른 자아(A)'입니다."

"감정이 없다는 건 좀 삭막하지 않나요?"

나의 질문에 선생님은 고개를 저었습니다.

"아뇨, 오히려 위기의 순간에 가장 빛을 발하는 친구죠. 상상해 보세요. 당신이 운전 중인데 갑자기 고속도로 한복판에서 차가 덜컹거리며 멈춰 섰습니다. 범퍼 쪽에서 하얀 연기가 피어오릅니다. 이때 '비판적 부모'는 '젠장, 정비 좀 미리 받을걸! 나는 왜 이렇게 멍청하지?'라며 자책할 것이고, '어린이'는 '어떡해! 무서워! 차에 불나는 거 아니야?' 하며 울상을 지을 겁니다."

선생님은 침착한 목소리로 말을 이었습니다.

"하지만 이 파일럿이 조종석에 앉으면 상황은 달라집니다. 그는 심호흡을 한 번 하고 차분하게 상황을 스캔합니다.

고속도로 2차 사고를 방지하는 '비트박스' 안전 수칙을 되뇌며, 비상등을 켜고, 트렁크를 열고, 가드레일 밖으로 대피하여 스마트폰으로 도로공사와 보험사에 침착하게 전화를 겁니다.

그는 과거를 후회하지도, 미래를 두려워하지도 않습니다.

오직 '지금, 여기'의 데이터(Fact)만을 가지고 가장 합리적인 해결책을 찾아냅니다. 감정의 파도에 휩쓸리지 않고 중심을 잡아 주는 이 이성적인 힘이 있기에 우리는 복잡한 사회에서 문제를 분석하고 해결하여 생존할 수 있는 겁니다."

4) 고삐 풀린 야생마: 자유로운 어린이(Free Child, FC)

네 번째 이야기를 시작하려는지, 선생님의 눈동자가 장난기 가득한 소년처럼 반짝였습니다.

"자, 이제 지하실로 내려가 볼까요? 그곳에는 영원히 늙지 않는 '피터팬'이 살고 있습니다. 교류 분석에서는 '자유로운 어린이(FC)'라고 부르죠."

선생님은 마치 신나는 비밀을 말해 주듯 상체를 내 쪽으로 기울였습니다.

"이 친구는 예의나 체면 따위는 모릅니다. 남들이 무어라 하든 상관 안 해요. 오직 나의 본능, 쾌락, 그리고 호기심에만 충실합니다. 마치 초원을 달리는 '야생마' 같아요. 길을 걷다가 너무 예쁜 꽃을 보면 주저앉아 한참을 들여다보고, 맛있는 케이크를 먹으면 발을 동동 구르며 '와! 미쳤다!' 하고 소리 지르는 그 모습 말입니다."

나도 모르게 피식 웃음이 나왔습니다.

"웃음이 나오죠? 맞아요. 바로 그 웃음이 나오는 곳이 여기입니다. 창의력, 직관, 예술적 영감, 그리고 삶을 생동감 있게 만드는 그 펄떡거리는 에너지가 모두 이 아이에게서 나옵니다. 회의 시간에 갑자기 엉뚱하지만 기발한 아이디어를 내뱉거나, 노래방에서 넥타이를 머리에 묶고 춤을 출 때, 당신은 내면의 이 자유로운 아이를 해방시킨 겁니다. 이 친구가 없다면 인생은 얼마나 무미건조한 흑백 영화 같겠어요?"

5) 가면을 쓴 착한 아이: 순응하는 어린이(Adapted Child, AC)

마지막 입주자를 소개할 차례가 되자, 선생님의 표정에 묘한 연민이 서렸습니다. 창밖은 이제 완전히 어두워졌고, 상담실의 조명만이 우리를 비추고 있었습니다.

"마지막 친구는 어딘가 조금 짠하고 안쓰러운 아이입니다. '순응하는 어린이(AC)'라고 부르는 친구죠. 이 아이는 늘 타인의 눈치를 살핍니다."

선생님은 마치 상처 입은 작은 새를 묘사하듯 조심스럽게 말을 이었습니다.

"이 아이의 지상 과제는 '사랑받는 것', 아니 정확히 말하면 '버림받지 않는 것'입니다. 그래서 자신의 진짜 욕구는 꾹꾹 눌러 담고, 타인이 원하는 모습의 '가면'을 씁니다. 싫어도

'네, 좋아요'라고 말하고, 화가 나도 '괜찮습니다'라고 웃어 보이죠."

내 가슴 한구석이 찌릿했습니다. 거절을 못 해 끙끙 앓던 제 모습이 떠올랐기 때문입니다.

"어린 시절을 생각해 보세요. 부모님의 기분이 안 좋아 보이면, 혹시 나 때문에 화나셨을까 봐 숨죽이며 눈치를 보던 기억이 있나요? 갖고 싶은 장난감이 있어도 '사 주세요'라고 말하면 야단맞을까 봐 '난 저거 싫어'라고 거짓말했던 순간들…. 그럴 때 우리 마음 한구석에는 무릎을 웅크린 채 불안에 떨고 있는 이 아이가 있었던 겁니다. 이 아이는 사회생활을 원만하게 하도록 돕기도 하지만, 이 목소리가 너무 커지면 우리는 '내 인생'이 아니라 '남들이 원하는 인생'을 살게 됩니다. 속은 곪아 터지는데 겉으로는 웃고 있는 '착한 사람 증후군'에 빠지게 되는 거죠."

선생님은 긴 이야기를 마치고 깊은숨을 내쉬었습니다. 그리고 나를 뚫어지게 바라보며 마지막 질문을 던졌습니다.

"어떠신가요? 서슬 퍼런 재판관(CP), 따뜻한 정원사(NP), 냉철한 파일럿(A), 천방지축 피터팬(FC), 그리고 눈치 보는 아이(AC). 이 다섯 명의 입주자가 바로 당신이라는 사람을 구성하고 있습니다. 어느 하나가 좋고 나쁜 것은 아닙니다. 상황에 따라 모두 필요한 존재들이죠."

선생님은 찻잔을 들어 마지막 남은 차를 한 모금 마신 뒤, 의미심장한 미소를 지으며 말을 맺었습니다.

"중요한 건, '오늘 하루 내 마음의 운전대를 이 다섯 명 중 누가 가장 오래 잡고 있었느냐'를 알아차리는 것입니다. 자, 오늘 당신의 하루는 어땠습니까? 누구의 목소리가 가장 컸나요?"

[예시]

상황 1: 실수가 발생했을 때

- CP : "도대체 왜 이렇게 일을 엉망으로 해?"
- NP : "괜찮아, 누구나 실수해."
- A : "어디서 오류가 났을까요? 과정을 한번 같이 살펴볼까요?"

→ 감정적 비난도, 과보호도 없이 사실과 해결에 초점을 둡니다.

[예시]

상황 2: 부부 간 갈등 상황에서

- "자꾸 싸우지 말자" 대신 "우리가 요즘 어떤 상황에서 가장 많이 다투는지 한번 생각해 볼까?" 그리고 서로가

원하는 걸 적어 보고 공통점을 찾아보자."

→ 감정에 휘말리지 않고 문제 해결 형 대화를 합니다.

일주일 동안 내 안의 5가지 자아 상태(CP, NP, A, FC, AC)를 알아차리고, 각 자아 상태를 균형 있게 사용하는 연습을 합니다.

먼저 하루에 정해진 작은 미션을 해 보세요. 미션은 기록표에 짧게만 적어도 충분합니다. 그리고 7일 동안의 기록을 보면서 내 자아 상태의 패턴을 살펴봅니다.

DAY 1   오늘 나는 어떤 자아 상태로 살았나?
(전체 관찰)

하루 동안 나에게서 나타난 5가지 자아 상태를 관찰합니다.

실천: 중요한 장면 3가지 생각해 보기

[예시]

1. 아침에 남편이 출근하는데 내(아내)가 "술 좀 어지간히 드세요"라고 짜증 섞인 투로 말하고 보니, 마음이 답답하고 화가 났다. 나의 추정 자아 상태는 CP, 말을 너무 날카롭게 했다.

2. 회사 회의 때 데이터를 보고 침착하고 차분하게 설명을 했다. 나의 추정 자아 상태는 A, 감정 섞지 않고 설명을 잘했다.

3. 저녁 때 딸과 웃으면서 장난을 치며 놀았더니 즐겁고 행복한 마음에 사는 맛이 났다. 나의 추정 자아 상태는 FC, 아이처럼 웃으니 기분이 좋았다.

오늘의 자아 상태 요약

- 가장 많이 나온 자아 상태:

- 내가 보기에 과했거나 부족했던 자아 상태:

DAY2　나에게 하는 말(내면의 대화) 관찰하기

속으로 나에게 하는 말을 통해 내 안의 CP·NP·AC를 알아
차립니다.

실천 1: 나에게 했던 말 5가지 적기

[예시]

1. 실수했을 때, 속으로 '난 왜 이렇게 부족할까' 하고 수치
   심을 느꼈다. 나의 자아 상태는 비판적 부모 마음(CP)이
   다. '처음이라 실수할 수 있어. 다음에 안 그러면 되지' 하
   고 양육적 부모 마음(NP)으로 바꾸어서 생각해야겠다.

2. 피곤할 때 속으로 '조금 쉬고 싶다' 하고 생각했다. 많이
   지쳐 있었던 것 같다. 나의 자아 상태는 순응하는 어린
   이 마음(AC)이다. '30분만 쉬고 다시 하자'와 같이 성인
   마음(A) 또는 양육적 부모 마음(NP)으로 생각해야겠다.

자기 대화 기록

- 상황:

- 속으로 한 말(문장그대로):

- 그때 감정:

- 자아 상태(CP/NP/AC):

- 바꾸고 싶은 말(있다면):

실천 2: 오늘 하루 정리

- 내 안의 비판적 부모(CP)가 나에게 한 말:

- 나를 따뜻하게 감싸 준 양육적 부모(NP)의 말:

- 눈치 보고 움츠러든 순응하는 아이(AC)의 말:

DAY3   부모 자아(CP·NP) 다루기

CP를 부드럽게 만들고, NP를 의식적으로 더 쓰는 연습을 해 봅니다.

[예시]

1. 직원이 서류 작성을 실수하자 "이런 것도 틀리면 어떡해
   요?"라고 비판적 부모 마음(CP)으로 말했다. 다음에는
   이 부분이 잘못됐네. 같이 한 번 다시 살펴볼까요" 같은
   식으로 양육적 부모 마음(NP) 또는 성인 마음(A)으로
   말해야겠다.
2. 남편이 늦게 귀가했는데 "오늘 고생 많았지요. 피곤하지
   요?"라고 말했다. 나의 자아 상태는 양육적 부모 마음
   (NP)이다. 말을 참 잘했다. 앞으로도 이렇게 말해야겠다.

실천 1: 타인에게 했던 부모 자아(CP·NP) 대화 기록
- 상대(누구와):

- 상황:

- 내가 한 말:

- 자아 상태(CP/NP 추정):

- 같은 상황에서 다음엔 어떻게 말하면 좋을까?

실천 2: 오늘의 다짐

- 줄이고 싶은 CP 표현 1개:

- 늘리고 싶은 NP 표현 1개:

DAY4 성인 자아(A) 훈련—사실과 해석 구분하기

감정에 끌려가기보다 사실을 보고 판단하는 성인 자아(A) 연습을 합니다.

실천 1: 오늘 있었던 일 정리

오늘 있었던 일 중 3가지를 골라 '사실/해석/감정/행동'으로 각각 나누어서 적어 봅니다. '행동'은 일어난 상황, '사실'은 보거나 들은 그대로, '해석'은 나의 추측·판단, '감정'은 그 행동으로 인해 내가 느낀 감정을 적습니다. 그런 후 내가 취할 수 있는 행동을 함께 적어 봅니다.

[예시]

1. 동료가 나에게 인사를 안 함(행동)/옆을 보고 그냥 지나 감(사실)/나를 무시하는 것 같다(해석)/서운함(감정) → 오늘 기분이 어땠는지 물어보거나, 내가 먼저 인사해 본 다(행동)

2. 배우자가 말이 적고 밥 먹는 동안 말이 거의 없다(사실)/
나에게 화가 난 것 같다(해석)/불안함(감정) → 혹시 오늘
무슨 일 있었는지, 괜찮은지 조심스레 물어본다(행동)

실천 2: 오늘 성인 자아(A) 한 줄 정리

- 내가 A로 잘 대응한 장면:

- 내 해석 때문에 괜히 힘들어진 장면:

- 내일 A로 해 보고 싶은 한 가지:

DAY5　자유로운 아이(FC) 깨우기—즐거움 연습

억눌렸던 즐거움과 호기심을 살려 FC를 적극적으로 사용해
봅니다.

실천 1: 오늘 나를 위한 즐거운 일 3가지 하기

[예시]

좋아하는 음악 듣고 따라 부르기, 20분 동안 산책하면서

하늘이나 나무 보기/맛있는 것 천천히 음미하며 먹기, 아이와 장난치기, 그림 그리기 등.

한 일(활동), 그때의 감정, 몸의 변화(표정·호흡 등), 느낀 점을 적어 봅니다.

[예시]

1. 좋아하는 노래 3곡 부르기(활동) / 신나고 답답함이 풀림(느낌, 감정) / 어깨가 가벼워지고 미소가 절로 나옴(몸의 변화) / 이렇게 노래 부르면 스트레스가 줄어듦(느낀 점)

2. 딸(아들)과 장난치기(활동) / 즐거움, 따뜻함(느낌, 감정) / 웃음이 계속 남(몸의 변화) / 아이처럼 놀 때 마음이 젊어지는 것 같다(느낀 점)

자유로운 아이 기록

- 스스로에게 하는 FC 칭찬:

- 오늘 잘 논 나 자신에게 해 주고 싶은 말:

DAY6 적응된 아이(AC) 이해하기 — 순응과 반항 보기

눈치만 보고 참고 있던 나, 또는 괜히 반항하던 나를 알아차립니다.

실천 1: 오늘 AC가 나온 장면 3가지 적기

겉으로 한 행동/말(상황)을 적어 봅니다.

실천 2: 오늘 AC에게 보내는 위로의 말

- 순응하느라 고생한 내 안의 아이에게:

반항하느라 마음이 거칠었던 내 안의 아이에게:

- 이번 주에 가장 많이 사용한 자아 상태는?

- 내가 조금 더 키우고 싶은 자아 상태는?(예: NP, FC, A 등)

- 가장 먼저 바꾸고 싶은 작은 한 가지는?

※ 이번 주의 활동은 정답을 맞추기 위한 것이 아니라 **"나를 이해하고 돌보는 도구"**입니다. 하루에 한 줄만 적어도 충분하니, 부담 갖지 마시고 편하게, 즐겁게 써 보시기 바랍니다.

목표: 부부 사이에서 나타나는 5가지 자아 상태(CP·NP·A·FC·AC)를 관찰하고, 서로에게 덜 상처 주고, 더 따뜻하게 대화하는 연습을 합니다.

하루 동안 부부 사이에 일어났던 장면을 1~3개 고른 후, "그때 나는 어떤 자아였나? 배우자는 어떤 자아였나?"를 적어 봅니다. 더 빠른 변화를 원한다면, "다음에는 어떻게 말하고 싶다"까지 써 보면 좋습니다.

DAY1   오늘 우리 부부 대화 속 자아 상태 관찰

하루 동안 부부 사이에서 오간 말과 행동을 통해 5가지 자아 상태를 관찰해 봅니다.

실천: 오늘 있었던 부부 간 장면 3가지 고르기

[예시]

1. (시간/상황) 아침, 출근 준비 / (내가 한 말·행동) "또 늦겠네, 좀 서둘러요." / (감정) 답답함 / (내 자아 상태) CP / (배우자 반응) 말없이 표정 굳음 / (배우자 자아 상태) AC / (내 마음) 말투가 조금 부드러웠으면 좋았겠다.

2. (시간/상황) 저녁, 같이 TV 볼 때 간식 먹으며 농담함 / (배우자 반응) 편안, 즐거움, 같이 웃음 / (배우자 자아 상태) FC / (느낀 점) 이런 시간이 더 많았으면 좋겠다.

DAY2   CP·NP—잔소리 vs 따뜻한 말

배우자에게 했던 말 중에서 잔소리(비판적 부모 CP)와 따뜻한 말(양육적 부모 NP)을 구분해 봅니다.

실천 1: 오늘 내가 배우자에게 한 말 5가지 적기

[예시]

1. (상황) 설거지가 안 되어 있을 때 / (내가 한 말) "매일 나만 치우라는 거예요?" / (감정) 억울함, 화가 남 / (자아 상태) CP

2. (상황) 아이 장난감이 어질러져 있을 때 / (내가 한 말) "오늘은 제가 많이 피곤해서요. 같이 좀 도와줄 수 있어요?" (감정) 도움 요청, 바람 / (자아 상태) A+NP

3. (상황) 배우자가 피곤해 보일 때 / (내가 한 말) "오늘 많이 힘들었죠? 좀 쉬어요." / (감정) 걱정, 애정 / (자아 상태) NP

실천 2: 오늘의 깨달음

- 줄이고 싶은 CP 표현 1개:

- 늘리고 싶은 NP 표현 1개:

DAY3　성인 자아(A)로 말해 보기

부부 간 갈등이 생겼을 때, 감정에 휘말리지 않고 사실·요청·대안을 말하는 A 연습을 합니다.

실천 1: 오늘 있었던(또는 자주 반복되는) 갈등 장면 2~3개 선택하여 연습하기

성인 자아 대화 연습

[예시]

1. (상황) 집안일 분담 문제 / (내가 했던 말) "왜 맨날 나만 하라는 거야?" / (내 자아 상태) AC+CP / (A로 바꾸면) "요즘 집안일이 저에게 많이 몰리는 느낌이에요. 한번 같이 나눠서 정해 볼까요?"

2. (상황) 지출 문제 / (내가 했던 말) "당신은 돈 좀 아껴 쓸 수 없어?" / (내 자아 상태) CP / (A로 바꾸면) "이번 달 지출이 예상보다 많았어요. 어디서 줄일 수 있을지 같이 생

각해 봐요."

실천 2: 오늘 A로 잘 해낸 장면/아쉬운 장면

- 오늘 내가 A로 잘 말한 순간:

- 감정에 휩쓸려 버린 아쉬운 순간:

- 내일은 이런 상황에서 A로 말해 보고 싶다:

DAY 4   자유로운 아이(FC) — 같이 웃고 노는 연습

부부 사이에 "의무·책임" 말고 "놀이·즐거움"의 시간을 일부러 만듭니다.

실천 1: 오늘 배우자와 작은 놀이 2~3개 해 보기

[예시]

같이 산책하며 이야기 나누기/예전 추억 이야기 꺼내며 웃어 보기/노래 한 곡 같이 듣고, 제목 맞히기 게임/커피 마시면서 '오늘 가장 좋았던 일' 한 가지씩 말하기

[예시]

(함께 한 활동) 집 근처 산책하며 대화, 마음이 편해짐. 표정이 부드러워지고 말이 많아짐. / (내 느낌) 이렇게 함께 걸어도 사이가 좋아지겠다. / (배우자 반응) 예전 여행 사진 보며 추억 이야기. 즐거움, 같이 웃고 다른 이야기를 꺼냄. / (느낀 점) 우리에게 좋은 추억이 참 많다는 걸 다시 느꼈다.

실천 2: 오늘 FC 자아에게 보내는 말

- 오늘 자유롭게 웃으며 논 나에게 해 주고 싶은 말:

DAY5　적응된 아이(AC)—참고 삭인 말, 반항한 말

배우자 앞에서 말하고 싶지만 참았던 것(순응 AC), 혹은 괜히 퉁명스럽게 반항한 것(반항 AC)을 알아봅니다.

실천 1: 오늘 또는 최근 부부 사이에서 AC가 나온 장면 적기

[예시]

1. (상황) 부탁을 거절 못 한 경우 / (겉으로 한 말/행동) "그래, 내가 할게…" / (속마음) 너무 힘든데 또 떠맡았

다. / (자아 상태) 순응 AC / (다음엔 이렇게 해 보기) "지금은 제가 좀 힘들어서요. 내일이나 주말에 같이 하면 어때요?"(A+NP)

2. (상황) 잔소리 듣고 화난 경우 / (겉으로 한 말/행동) 말 안 하고 TV 소리만 키움. / (속마음) 화가 치밀었음. 반항심. / (자아 상태) AC / (다음엔 이렇게 해 보기) "방금 한 그 말이 조금 서운했어요. 제 입장도 한번 들어 줄래요?"(NP+A)

실천 2: 내 안의 아이 달래기

- 참느라 힘들었던 나에게 해 주고 싶은 말:

- 반항하느라 지친 나에게 해 주고 싶은 말:

DAY6 갈등 장면 다시 말해 보기

최근에 있었던 부부 간 갈등 상황을 하나 골라, 그때의 대화를 "다섯 자아" 관점에서 다시 써 봅니다.

실천 1: 실제로 있었던 갈등 장면 1개 선택

[예시]

(내 실제 말) "당신은 왜 맨날 늦어?" / (내 자아 상태) CP / (바꾸고 싶은 말) "당신이 늦게 들어오면 저는 불안하고 서운해요. 앞으로는 대략 귀가 시간을 알려 줄 수 있을까요?"(A+NP) / (의도) 불안하고 서운한 마음을 전달하고 약속을 받고 싶었다.

실천 2: 오늘 느낀 점 정리

- 오늘 연습하면서 새로 깨달은 점:

"부부 싸움은 이기기 위한 전쟁이 아니라, 더 잘 지내기 위한 연습이라는 생각이 드시나요?"

DAY7 한 주 돌아보기 & 다음 주 약속

1주일 동안의 기록을 돌아보며 우리 부부 관계에서 각 자아 상태의 패턴을 살펴보고, 변화 목표를 한두 가지 정해 봅니다.

실천 1: 5가지 자아 상태 요약

[예시]

1. (자아 상태) CP / (자주 나온 상황) 집안일, 돈 문제 / (도움 된 점) 기준을 세워 줌 / (아쉬웠던 점) 말이 딱딱해져서 상처 줌 / (다음 주 목표) 비판하기 전에 "고마워, 수고했어." 한마디 먼저 하기

2. (자아 상태) NP / (자주 나온 상황) 피곤해 보일 때, 아플 때 / (도움 된 점) 위로와 안정감을 줌 / (아쉬웠던 점) 내가 지칠 땐 소홀해짐 / (다음 주 목표) 배우자와 나 자신 모두에게 "괜찮아"라고 말해 주기

3. (자아 상태) A / (자주 나온 상황) 금전, 일정 조정 / (도움 된 점) 싸움이 줄어듦 / (아쉬웠던 점) 감정 표현이 부족할 때가 있음 / (다음 주 목표) 감정+사실을 함께 말하는 연습하기

4. (자아 상태) FC / (자주 나온 상황) 산책, 추억 이야기, 농담, 웃음과 친밀감 증가 / (도움 된 점) 바쁠 땐 다툼이 거의 사라짐 / (다음 주 목표) 일주일에 2번 '우리 둘만의 놀이 시간' 만들기

5. (자아 상태) AC / (자주 나온 상황) 부탁 거절, 잔소리 상황 / (도움 된 점) 큰 싸움은 피함, 마음에 화가 쌓이고 터질 위험 / (다음 주 목표) "지금은 좀 할 수 없어요"라고 솔

직하게 말하기

실천 2: 서로에게 쓰는 짧은 한 줄

이번 주 배우자에게 고마웠던 점/미안했던 점/바라는 점 중 하나를 선택해서 한 줄을 씁니다. 배우자에게 직접 읽어 줄지, 아니면 마음으로만 적어 둘지는 내가 선택합니다.

※ 이 1주일 워크북은 완벽한 부부가 되기 위한 수단이 아니라, 서로 **조금씩 더 이해하고, 조금 덜 상처** 주기 위한 연습입니다.

목표: 부모로서 자녀에게 말하고 행동할 때 나타나는 5가지 자아 상태(CP·NP·A·FC·AC)를 알아차리고, 아이 마음에 상처를 줄여, 더 따뜻하고 성숙하게 대화하는 연습을 합니다.

매일 부모-자녀 사이의 장면을 1~3개 고른 후, "그때 나는 어떤 자아였나? 아이는 어떤 자아였나?"를 적습니다. "다음에는 이렇게 말해 보고 싶다"까지 써 보면 변화가 빨라집니다.

DAY1　오늘 아이와 있었던 장면 관찰하기

자녀와 있었던 장면에서 내 자아 상태와 아이의 자아 상태를 있는 그대로 관찰해 봅니다.

실천 1: 오늘 있었던 부모-자녀 장면 3가지 고르기

[예시]

1. (시간/상황) 아침, 등교 준비 / (내가 한 말·행동) "왜 이렇게 또 늦게 준비하니!" / (내 마음) 초조, 답답함 / (내 자아 상태) CP / (아이 반응) 입을 꾹 다물고 눈치를 봄 / (아이 자아 상태) AC(순응) / (느낀 점) 내 말투가 너무 날카로웠다.

2. (시간/상황) 저녁, 숙제 도와줄 때 / (내가 한 말·행동) "어

긴 잘했네. 이 부분은 다시 해 볼까?" / (내 마음) 격려, 관심 / (내 자아 상태) NP+A / (아이 반응) 표정 밝아지고 다시 풀어 봄 / (아이 자아 상태) FC+A / (느낀 점) 칭찬을 먼저 해 주니 아이가 더 잘 따라온다.

- 내 자아 상태 중 가장 많이 나온 것:

- 아이에게 고마웠던 점 또는 미안했던 점:

DAY2 잔소리(CP)와 따뜻한 말(NP) 구분하기

오늘 아이에게 한 말 중 꾸지람·잔소리(CP)와 위로·격려(NP)를 구분해 봅니다.

실천 1: 오늘 아이에게 한 말 5가지 적기

[예시]

1. (상황) 방이 지저분할 때 / (아이에게 한 말) "도대체 방을 왜 이렇게 엉망으로 만드니?" / (감정) 짜증, 피곤함 / (자아 상태) CP / (다음엔 이렇게 말해 보기) "방이 많이 어질러

졌네. 우리 10분만 같이 치워 볼까?"(NP+A)

2. (상황) 아이가 시험 망치고 온 날 / (아이에게 한 말) "속
   상하지? 그래도 수고했어. 어디서 틀렸는지 같이 보
   자." / (감정) 안쓰러움, 격려 / (자아 상태) NP / (다음엔 이렇
   게 말해 보기) 이런 말은 계속 해 주기

실천 2: 오늘의 깨달음

- 줄이고 싶은 CP 표현 1개:

- 늘리고 싶은 NP 표현 1개:

DAY3 성인 자아(A)—감정 말고 사실·요청 말하기

아이에게 화를 내기보다 사실을 말하고, 내 느낌과 요청을
차분히 전하는 A 연습을 합니다.

실천 1: 오늘 또는 자주 반복되는 갈등 장면 2~3개 선택

[예시]

1. (상황) 스마트폰 사용 시간으로 인한 갈등 / (내가 실

제로 한 말) "맨날 폰만 붙들고 있으니까 공부를 못 하지!" / (내 자아 상태) CP / (A로 바꾸면?) "지금 스마트폰을 하루에 4시간 이상 쓰고 있어. 2시간으로 줄이고, 줄인 시간에 무엇을 할지 같이 정해 볼까?"(A)

2. (상황) 아이가 너무 늦게 귀가 / (내가 실제로 한 말) "몇 시인데 지금 들어와! 정신이 있는 거야?", (내 자아 상태) CP, (A로 바꾸면?) "약속했던 귀가 시간보다 40분이나 늦으니 걱정이 많이 된다. 다음부터는 늦을 땐 미리 연락해 줄 수 있겠니?"(A+NP)

실천 2: 오늘 돌아보기

- 내가 A로 잘 말한 순간:

- 감정이 앞서서 후회되는 말:

- 내일은 어떤 상황에서 A로 말해 보면 좋을지:

DAY4   자유로운 아이(FC) ─ 아이와 함께 '놀이 자아' 깨우기

"가르치는 부모" 말고, **"함께 노는 어른 아이"**가 되어 봅니다.

실천 1: 오늘 아이와 작은 놀이 2~3개 하기

아이가 좋아하는 게임 10분 함께하기/같이 산책하며 구름 모양 맞히기, 나무 이름 찾기/노래 한 곡 같이 부르기/좋아하는 음악에 맞추어 같이 춤추기/아이가 좋아하는 책을 함께 읽고 재미있었던 장면 이야기 나누기

[예시]

1. (아이와 한 활동) 저녁에 보드게임 20분 / (내 느낌) 웃음, 즐거움 / (아이 반응) 신나서 또 하자고 함 / (느낀 점) 공부 애기만 할 때보다 훨씬 사이가 가까워지는 느낌이다.

2. (아이와 한 활동) 산책하며 하늘·나무에 대해 이야기 / (내 느낌) 편안함, 여유 / (아이 반응) 질문도 하고 자기 생각 말함 / (느낀 점) 아이가 이런 이야기를 많이 하고 싶었겠구나 생각했다.

실천 2: FC 자아에게 해 주고 싶은 말

- 오늘 아이처럼 웃으며 논 나에게 한마디:

DAY5 적응된 아이(AC) — 아이의 '눈치·반항' 이해 하기

아이의 "예, 알겠어요…" 하면서 참고 있는 모습(순응 AC)과 문 쾅 닫고 들어가는 모습(반항 AC)을 이해해 봅니다. 동시에 그 때 나는 어떤 자아였는지 돌아봅니다.

실천 1: 오늘 또는 최근에 있었던 장면 2~3개 적기

아이 자아 상태(순응/반항 AC), 다음엔 부모로서 어떻게 해 주고 싶은지(CP↓, NP·A·FC↑)

[예시]

1. (상황) 성적 얘기하며 크게 혼낸 경우 / (내 말·행동) "이 점수 받을 거면 그냥 학교 가지 마!" / (아이의 겉 반응: 말· 행동) 말없이 방으로 들어감 / (내가 짐작하는 아이의 속마 음) 속상하고 창피하고 무시당한 느낌 / (아이 자아 상태) 반항(AC) / (다음엔 이렇게 해 보기) "점수를 가지고 이야기 해서 미안하다, 네가 얼마나 힘들었는지도 알고 싶다"고 말하고 아이 얘기 먼저 듣기(NP+A)

2. (상황) 집안일 시킬 때 / (내 말·행동) "빨리 갖다 놔!" / (아 이의 겉 반응: 말·행동) "네…" 하고 억지로 움직임 / (내가 짐작하는 아이의 속마음) 하기 싫지만 억울함 / (아이 자아

상태) 순응(AC) / (다음엔 이렇게 해 보기) "지금 이거 좀 옮겨 줄래? 네가 도와주면 좋을 것 같아."(NP+FC)

실천 2: 부모로서의 반성 & 다짐

- 오늘 아이의 마음을 충분히 들어 주지 못한 순간:

- 다음에 비슷한 상황이 온다면 먼저 해 주고 싶은 말:

DAY6 나-메시지+자아 상태 통합 연습

아이에게 화를 낼 때 "너는 왜…?"(CP) 대신 "나는 ~해서 ~하다"(나-메시지, A+NP)로 말하는 연습을 해 봅니다.

실천 1: '너-메시지'를 '나-메시지'로 바꾸기

[예시]

1. (실제로 자주 쓰는 너-메시지) "너는 왜 이렇게 말을 안 듣니?" / (자아 상태) CP / (나-메시지로 바꿔 보기) "네가 약속을 안 지킬 때 나는 속상하고 걱정이 된다. 다음엔 어떻게 하면 좋을지 같이 얘기해 보고 싶어."(A+NP) / (그 말

에 담긴 내 진짜 마음) 아이와 약속을 지키고, 믿고 맡기고 싶다.

2. (실제로 자주 쓰는 너-메시지) "너는 맨날 늦게 움직여!" / (자아 상태) CP / (나-메시지로 바꿔 보기) "시간이 촉박할 때 나는 많이 걱정된다. 내일은 10분만 먼저 준비해 줄 수 있을까?" / (그 말에 담긴 내 진짜 마음) 약속 시간 지키고 싶고, 아이와 다투고 싶지 않다.

실천 2: 오늘 연습한 나-메시지 돌아보기

- 아이에게 실제로 말해 본 나-메시지:

- 그때 아이의 반응:

- 내가 느낀 변화:

DAY7　한 주 돌아보기 & 부모-자녀 관계 변화 점검

1주일 동안의 기록을 통해 부모로서 자주 사용하는 자아 상태, 아이에게 보여 주고 싶은 자아 상태를 정리합니다.

실천 1: 5가지 자아 상태 요약

[예시]

1. (자아 상태) CP / (이번 주에 자주 나온 상황) 숙제, 스마트폰, 예절 문제 / (아이에게 도움이 된 점) 기준·규칙을 알려 줌 / (아쉬웠던 점) 아이가 위축되거나 반항함 / (다음 주 실천 목표) 비판 전에 이해·공감 한마디+이유 설명하기

2. (자아 상태) NP / (이번 주에 자주 나온 상황) 아이가 힘들어 할 때, 아플 때 / (아이에게 도움이 된 점) 안정감, 믿음을 줌 / (아쉬웠던 점) 바쁠 땐 잊어버림 / (다음 주 실천 목표) 하루 한 번은 꼭 "수고했다, 고맙다" 말해 주기

3. (자아 상태) A / (이번 주에 자주 나온 상황) 규칙·시간·용돈 얘기할 때 / (아이에게 도움이 된 점) 감정싸움이 줄어듦 / (아쉬웠던 점) 가끔 너무 차갑게 느껴질 수 있음 / (다음 주 실천 목표) 감정+사실을 함께 말하기 연습

4. (자아 상태) FC / (이번 주에 자주 나온 상황) 놀이, 장난, 여행 이야기 / (아이에게 도움이 된 점) 웃음과 친밀감 증

가 / (아쉬웠던 점) 피곤하면 사라짐 / (다음 주 실천 목표) 하루 10~20분이라도 '순수 놀이 시간' 확보하기

5. (자아 상태) AC / (이번 주에 자주 나온 상황) 부모로서 참는 나의 모습 / (아이에게 도움이 된 점) 아이가 눈치 보는 모습이나 부딪히는 일이 일어나는 것은 피함 / (아쉬웠던 점) 마음에 쌓임, 언젠가 폭발 위험 / (다음 주 실천 목표) 불편함을 A+NP로 솔직하게 풀어내는 연습하기

실천 2: 아이에게 쓰는 짧은 한 줄

- 오늘, 또는 이 한 주를 돌아보며 아이에게 마음속으로라도 전해 주고 싶은 한 줄:

"   "

(아이에게 직접 읽어 줄지는, 부모인 내가 선택합니다.)

※ 이 워크북은 완벽한 부모가 되기 위한 수단이 아니라, 아이와 나 자신을 조금 더 이해하고, 조금 덜 혼내고, 조금 더 따뜻하게 대화하기 위한 연습입니다.

목표: 직장에서 상사·직원 관계에서 나타나는 5가지 자아 상태(CP·NP·A·FC·AC)를 이해하고, 갈등을 줄이고, 신뢰와 협력을 높이는 대화를 연습합니다.

하루에 1~3개의 장면만 골라 간단히 기록합니다. "다음에는 이렇게 말해 보고 싶다" 한 줄만 적어도 큰 도움이 됩니다.

DAY 1 　오늘 직장에서의 나, 자아 상태 관찰

상사와 직원 사이에서 오간 말과 행동 속에 내 자아 상태와 상대 자아 상태를 있는 그대로 관찰해 봅니다.

실천: 오늘 기억에 남는 장면 3가지 고르기

[예시]

(시간/상황) 부서원 실수 보고 / (내가 한 말·행동) "이걸 또 틀려요?" / (그때 내 마음, 느낌) 답답함 / (내 자아 상태) CP / (상대의 반응) 직원이 말이 줄어들고 위축 / (상대 자아 상태 추정) AC(순응) / (느낀 점) 지적은 필요했지만, 말투는 부드러울 수 있었겠다.

- 오늘 가장 자주 나온 내 자아 상태:

- 오늘 직장에서 가장 기억에 남는 장면:

DAY2 직장에서의 CP·NP—통제 vs 지원

오늘 내가 상사나 직원으로서 했던 말 중 통제·비판(CP)과 지원·격려(NP)를 구분해 봅니다.

실천 1: 오늘 직장에서 한 말 5가지 적기

[예시]

1. (내 역할) 상사 / (상황) 보고서 오류 발견 / (내가 한 말, 그대로) "이 정도도 확인 안 했어요?" / (그때 내 감정) 짜증, 실망 / (자아 상태) CP / (다음에는 이렇게 말해 보기) "이 부분이 잘못됐네요. 다음부터 이 체크리스트로 한 번 더 점검해 봐요."(NP+A)

2. (내 역할) 직원 / (상황) 상사가 바빠 보일 때 / (내가 한 말, 그대로) "오늘 많이 바쁘시죠, 도와드릴 일 있으면 말씀주세요." / (그때 내 감정) 배려, 존중 / (자아 상태) NP / (다

실천 2: 오늘의 깨달음

- 줄이고 싶은 CP 표현 1개:

- 늘리고 싶은 NP 표현 1개:

DAY3 성인 자아(A)—사실·정보·대안 중심 대화

상사나 직원에게 화를 내기보다 사실, 정보, 대안을 중심으로 말하는 A 연습을 해 봅니다.

실천 1: 오늘 또는 자주 반복되는 갈등 장면 2~3개 적기

[예시]

1. (내 역할) 상사 / (상황) 마감 지연 / (내가 실제로 한 말) "왜 맨날 늦어요?" / (그때 내 자아 상태 추정) CP / (A 자아로 바꿔서 말해 본다면?) "이번 보고서가 마감 시간보다 3시간 늦었습니다. 어떤 과정에서 지연됐는지 같이 점검해 볼까요?"

2. (내 역할) 직원 / (상황) 업무 지시가 모호할 때 / (내가 실제로 한 말) "이런 식으로 말하면 알아들을 수가 없어요." / (그때 내 자아 상태 추정) 반항(AC) / (A 자아로 바꿔서 말해 본다면?) "지금 설명해 주신 부분 중에 제가 헷갈리는 부분이 있습니다. 구체적으로 예를 하나 들어 주실 수 있을까요?"

실천 2: 오늘 돌아보기

- 내가 A로 잘 말한 장면:

- 감정이 앞서서 후회되는 말:

- 내일은 어떤 상황에서 A로 말해 보고 싶은지:

DAY4 자유로운 아이(FC)—팀워크와 분위기를 살리는 에너지

"딱딱한 직장인"만이 아니라, 팀 분위기를 살리는 유머·여유·창의성(FC)을 의도적으로 써 봅니다.

실천 1: 오늘 팀/상사/직원과 함께한 '가벼운 소통' 2~3개 적기

[예시]

1. (내 역할) 직원 / (함께한 활동·대화) 회의 전에 주말 이야기·취미 얘기 나눔 / (그때 내 느낌) 긴장이 풀림 / (상대의 반응) 상사가 미소 짓고 편하게 대화 / (느낀 점) 인간적인 대화가 있으면 지시도 덜 부담스럽게 느껴진다.

2. (내 역할) 상사 / (함께한 활동·대화) 팀원에게 "오늘 발표 준비하느라 고생 많았어요"라고 말함 / (그때 내 느낌) 고마움, 뿌듯함 / (상대의 반응) 팀원이 웃으면서 "감사합니다"라고 말함 / (느낀 점) 짧은 칭찬이 분위기를 확 바꾼다.

실천 2: FC 자아에게 해 주고 싶은 말

- 오늘 분위기를 부드럽게 만든 나에게 한마디:

DAY5 적응된 아이(AC) ─ 직장에서의 눈치·체념· 조용한 반항

상사나 직원 앞에서 참고 넘긴 말, 또는 겉으로는 가만히 있더라도 속으로 반항하는 나를 이해해 봅니다.

실천 1: 오늘 또는 최근 직장 장면 2~3개 적기

[예시]

1. (내 역할) 직원 / (상황) 상사가 과도한 업무 지시 / (겉으로 한 말·행동) "네… 알겠습니다." / (진짜 하고 싶었던 말·행동) 도저히 감당이 안 되는데 말 못 함 / (내 자아 상태) 순응(AC) / (다음엔 A·NP·FC로 어떻게 해 보고 싶은지) "지금 맡은 업무량을 고려하면 일정이 어렵습니다. 우선순위를 다시 정해서 효율적으로 해 볼게요?"(A)

2. (내 역할) 상사 / (상황) 보고가 마음에 안 들었을 때 / (겉으로 한 말·행동) 말 안 하고 표정만 굳음 / (진짜 하고 싶었던 말·행동) 왜 그렇게밖에 못 하는지 질책 / (내 자아 상태) 속으로 불만, 반항(AC) / (다음엔 A·NP·FC로 어떻게 해 보고 싶은지) "이 부분은 방향이 조금 다른데 내가 생각하는 방향을 설명 해줄게."(A+NP)

실천 2: 내 안의 '직장인 아이' 달래기

- 참느라 힘들었던 나에게 해 주고 싶은 말:

- 오늘 속으로만 반발했던 나에게 해 주고 싶은 말:

DAY6 상사-직원 간 피드백 대화 연습(나-메시지+ 자아 상태)

피드백할 때, "너는 왜…?"(CP, 비난) 대신 "나는 ~해서 ~하다"(나-메시지, A+NP)로 말하는 연습을 합니다.

실천 1: 자주 쓰는 '너-메시지'를 '나-메시지'로 바꾸기

[예시]

1. (내 역할) 상사 / (실제로 자주 쓰는 말: 너-메시지) "당신은 왜 이렇게 책임감이 없어요? / (자아 상태) CP / (나-메시지) "마감이 자꾸 지연되면 조직 전체 일정이 걱정됩니다. 앞으로는 마감 이틀 전에 중간 점검을 할 겁니다." / (진짜 의도) 업무 신뢰를 회복하고, 일정 관리가 가능해지길 바람.

2. (내 역할) 직원 / (실제로 자주 쓰는 말: 너-메시지) "위에서는 현실을 전혀 모르잖아요." / (자아 상태) 반항(AC) / (나-메시지) "현재 인력과 시간으로는 이 일정이 부담스럽습니다. 여건을 마련해 주시면 훨씬 잘 해낼 수 있을 것 같습니다." / (진짜 의도) 상황을 알리고, 현실적인 조건을 조정하고 싶음.

실천 2: 오늘 실제로 사용해 본 표현 피드백하기
- 상사/직원에게 조금 더 성숙하게 말해 본 문장:

- 그때 상대의 반응:

- 내가 느낀 변화:

DAY7 한 주 돌아보기 & 직장 관계 변화 점검

1주일 동안의 기록을 통해 직장에서 자주 사용하는 자아 상태의 패턴을 확인하고, 다음 주의 작은 변화를 정합니다.

실천 1: 5가지 자아 상태 요약

[예시]

1. (자아 상태) CP / (나온 상황) 실수 지적 / (도움이 된 점) 지시할 때 기준이 분명해짐 / (아쉬웠던 점) 분위기가 딱딱해지고 위축됨 / (다음 주 실천 목표) 비판 전에 "수고했어요." 한마디+구체적 개선점만 말하기

2. (자아 상태) NP / (나온 상황) 동료·부하가 힘들어할 때 / (도움이 된 점) 신뢰와 유대감 상승 / (아쉬웠던 점) 바쁠 땐 그냥 넘어감 / (다음 주 실천 목표) 하루에 한 번은 누군가에게 "수고하셨습니다." 말하기

3. (자아 상태) A / (나온 상황) 일정·성과·지표 논의 / (도움이 된 점) 문제 해결에 도움, 감정싸움 감소 / (아쉬웠던 점) 너무 건조하게 느껴질 수 있음 / (다음 주 실천 목표) 사실+감정을 함께 설명하는 연습하기

4. (자아 상태) FC / (나온 상황) 쉬는 시간에 소소한 대화 / (도움이 된 점) 팀 분위기가 부드러워짐 / (아쉬웠던 점) 바쁠 때는 거의 사라짐 / (다음 주 실천 목표) 주 2회는 의도적으로 '가벼운 대화' 시간 만들기

5. (자아 상태) AC / (나온 상황) 상사 앞에서, 직원 앞에서 할 말을 못 하고 참는 나 / (도움이 된 점) 큰 충돌은 피

함 / (아쉬웠던 점) 스트레스가 쌓이고 번아웃 위험 / (다음 주 실천 목표) 불편한 점은 A+NP로 솔직하게 표현하는 연습하기

실천 2: 직장에서의 나에게 하는 한 줄 말

이번 주 직장에서 최선을 다한 나에게 해 주고 싶은 말:

"   "

※ 이 워크북은 완벽한 상사나 직원이 되기 위한 수단이 아니라, 상대와 나를 이해하고, 조금 덜 상처 주고, 조금 더 신뢰를 쌓기 위한 연습입니다.

각각의 자아 상태로 반응해 보기

아래의 상황에서 각각의 자아 상태로 반응해 보세요.

상황: 아침에 차를 운전하여 출근하던 도중에 갑자기 옆에서 끼어들기하는 차를 보고 급정거했으나 늦어서 받고 말았다.

1. 비판적 부모 자아(CP):

2. 양육적 부모 자아(NP):

3. 성인 자아(A):

4 . 자유로운 어린이 자아(FC):

5. 순응하는 어린이 자아(AC):

나의 지배적인 자아 상태 진단하기: 내 마음은 어떤 모습일까?

이제 자아 상태 진단을 통해 내 자신의 상황을 파악해 봅니다.

다음 문항을 읽고 자신의 평소 태도나 행동에 가장 가까운 정도에 체크(✓)하여 소계를 적어 주세요. 각 자아 상태의소계를 85p 상단 내 마음 그림표에 좌표를 찍고, 꺾은선 그래프로 자아 상태를 그려 자신의 모습을 진단해 봅니다.

● 자아 상태별 진단지

— CP(비판적 부모)

번호	문항	①	②	③	④	⑤
1	나는 다른 사람의 잘못을 보면 지적하고 싶다.	☐	☐	☐	☐	☐
2	내가 옳다고 생각하면 타인의 의견을 잘 듣지 않는다.	☐	☐	☐	☐	☐
3	잘못된 행동을 보면 혼내 주고 싶은 마음이 든다.	☐	☐	☐	☐	☐
4	나는 강하게 단호하게 말해야 할 땐 그렇게 한다.	☐	☐	☐	☐	☐
5	규율을 어긴 사람에게는 반드시 지적해야 한다고 생각한다.	☐	☐	☐	☐	☐
6	비판을 잘하며, 기준에 맞지 않으면 지적한다.	☐	☐	☐	☐	☐
7	사회 규범을 어기는 사람을 보면 분노가 치민다.	☐	☐	☐	☐	☐
8	권위를 가지고 타인을 지도하거나 지시한다.	☐	☐	☐	☐	☐
9	타인을 잘 통제하고 훈계하려는 편이다.	☐	☐	☐	☐	☐
10	나는 다른 사람에게 지적당하는 걸 싫어한다.	☐	☐	☐	☐	☐

소계 (/ 50)

NP(양육적 부모)

번호	문항	①	②	③	④	⑤
1	누군가 힘들어할 때 위로하고 도와주고 싶다.	☐	☐	☐	☐	☐
2	남의 기분을 상하게 하지 않으려 노력한다.	☐	☐	☐	☐	☐
3	불쌍한 사람을 보면 마음이 아프고 도와주고 싶다.	☐	☐	☐	☐	☐
4	싫어도 참는 것이 좋다고 생각하는 편이다.	☐	☐	☐	☐	☐
5	누군가 실수하면 감싸주려 한다.	☐	☐	☐	☐	☐
6	어른들에게 예의 바르게 행동하려 노력한다.	☐	☐	☐	☐	☐
7	다른 사람의 아픔을 보면 함께 아파한다.	☐	☐	☐	☐	☐
8	상처받지 않기 위해 나를 억누를 때가 많다.	☐	☐	☐	☐	☐
9	누군가 힘들어하면 도와주지 못해도 미안한 마음이 든다.	☐	☐	☐	☐	☐
10	비난받지 않기 위해 내 의견을 말하지 않을 때가 있다.	☐	☐	☐	☐	☐

소계 (/ 50)

─ A(어른)

번호	문항	①	②	③	④	⑤
1	어떤 일이든 감정보다 사실을 먼저 파악하려 한다.	☐	☐	☐	☐	☐
2	나는 상대의 말을 경청하고 논리적으로 판단한다.	☐	☐	☐	☐	☐
3	상황을 분석한 후 결정을 내리는 편이다.	☐	☐	☐	☐	☐
4	결정하기 전에 다양한 자료나 의견을 참고한다.	☐	☐	☐	☐	☐
5	문제 상황에서는 감정보다 해결책을 우선한다.	☐	☐	☐	☐	☐
6	정보를 논리적으로 정리해서 이해하려고 한다.	☐	☐	☐	☐	☐
7	냉정하게 사실만 보는 편이다.	☐	☐	☐	☐	☐
8	객관적인 근거 없이는 쉽게 믿지 않는다.	☐	☐	☐	☐	☐
9	어떤 일이든 분석적으로 접근하는 것을 선호한다.	☐	☐	☐	☐	☐
10	이해되지 않으면 납득할 때까지 파고드는 편이다.	☐	☐	☐	☐	☐

소계 (/ 50)

FC(자유로운 어린이)

번호	문항	①	②	③	④	⑤
1	나는 내 감정을 솔직하게 표현하는 편이다.	☐	☐	☐	☐	☐
2	하고 싶은 일이 있으면 일단 도전해본다.	☐	☐	☐	☐	☐
3	기분이 좋으면 몸으로 표현하거나 춤을 추기도 한다.	☐	☐	☐	☐	☐
4	새로운 일이나 변화에 대해 즐거움을 느낀다.	☐	☐	☐	☐	☐
5	나는 자유롭게 말하고 행동하는 것을 좋아한다.	☐	☐	☐	☐	☐
6	놀이, 장난, 여행 등을 즐긴다.	☐	☐	☐	☐	☐
7	감정이 앞서 행동하거나 말할 때가 있다.	☐	☐	☐	☐	☐
8	자유롭게 생각하고 창의적으로 표현하는 걸 좋아한다.	☐	☐	☐	☐	☐
9	감정에 따라 즉흥적으로 행동할 때가 있다.	☐	☐	☐	☐	☐
10	노래하거나 창작하는 일을 즐긴다.	☐	☐	☐	☐	☐

소계 (/ 50)

— AC(순응하는 어린이)

번호	문항	①	②	③	④	⑤
1	나는 규칙이나 질서를 중요하게 여긴다.	☐	☐	☐	☐	☐
2	나는 권위 있는 인물이나 제도에 쉽게 순응한다.	☐	☐	☐	☐	☐
3	법이나 규칙을 잘 지키는 편이다.	☐	☐	☐	☐	☐
4	윗사람에게 잘 보이기 위해 행동을 조심한다.	☐	☐	☐	☐	☐
5	나는 정해진 절차를 중요하게 여긴다.	☐	☐	☐	☐	☐
6	타인과의 갈등을 피하려고 참는 편이다.	☐	☐	☐	☐	☐
7	나는 체계와 통제를 선호한다.	☐	☐	☐	☐	☐
8	불편한 상황에서도 참고 견딘다.	☐	☐	☐	☐	☐
9	원칙이나 기준을 벗어난 것을 보면 불편하다.	☐	☐	☐	☐	☐
10	눈치 보며 말과 행동을 조심하는 편이다.	☐	☐	☐	☐	☐

소계 (/ 50)

● 내 마음 그림표

CP(지배적)
NP(헌신적)
A(현실적)
FC(개방적)
AC(의존적)
50
45
40
35
30
25
20
15
10
5
0
CP(관용적)
NP(방임적)
A(즉흥적)
FC(폐쇄적)
AC(독단적)

― 기본형

CP(지배적)
NP(헌신적)
A(현실적)
FC(개방적)
AC(의존적)
50
45
40
35
30
25
20
15
10
5
0
35
30
26
25
24
CP(관용적)
NP(방임적)
A(즉흥적)
FC(폐쇄적)
AC(독단적)

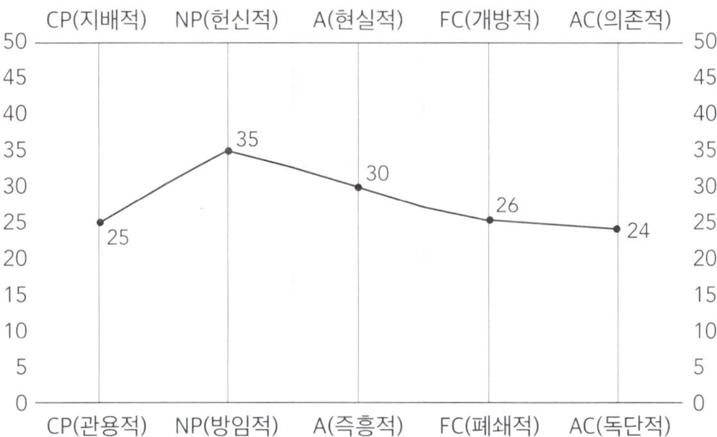

— 상대방 중심/자기 희생형

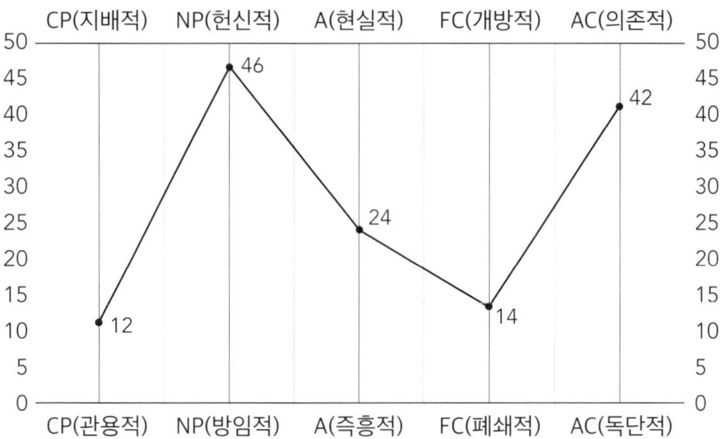

— 자기중심/혁신행동형

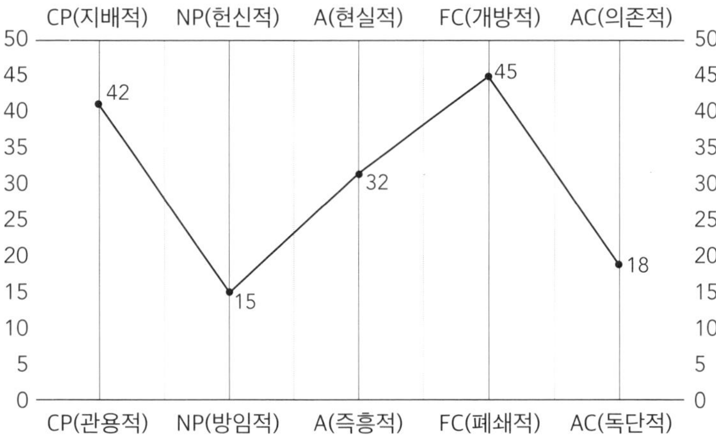

인화/천방지축형

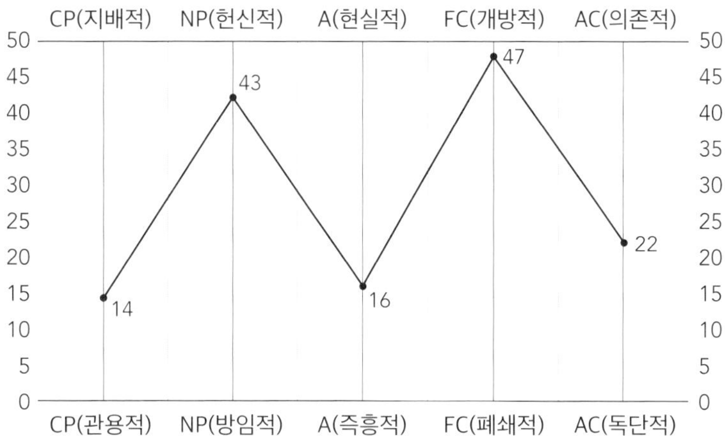

보수신중/스트레스형

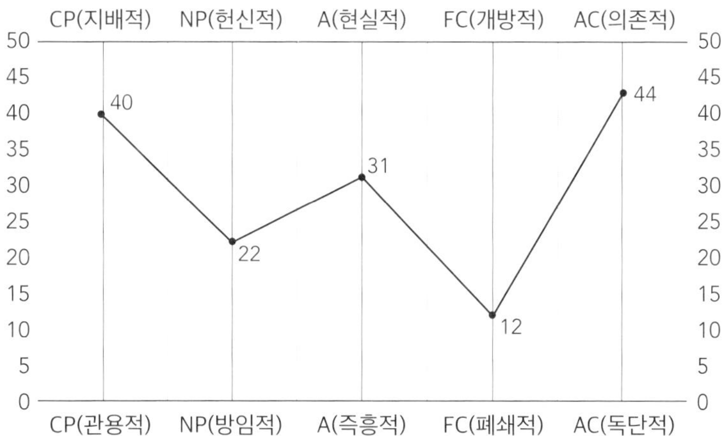

3.
___

나의 지배적인 자아 상태 진단하기

: 마음의 지도를 펼치다

창밖의 하늘이 짙은 보랏빛으로 물들어 가고 있었습니다. 상담실 안, 스탠드 조명이 은은하게 비추는 테이블 위에는 사각거리는 소리만이 감돌았습니다. 선생님은 서랍에서 모눈종이처럼 생긴 그래프용지와 설문지 한 장을 꺼내 제 앞에 조심스럽게 내려놓았습니다. 그 종이 위에는 굵은 글씨로 '자아 상태 진단 검사(Egogram)'라는 제목이 적혀 있었습니다.

"자, 지금까지 우리는 당신의 마음속에 사는 다섯 명의 입주자들에 대해 긴 이야기를 나눴습니다. 이제는 그 막연한 느낌을 눈으로 확인할 시간입니다."

"이건 성적표가 아닙니다. 그저 당신 마음의 풍경을 보여주는 지도일 뿐이죠. 너무 깊게 고민하지 말고, 평소 당신의 태도나 행동에 가장 가깝다고 생각되는 곳에 솔직하게 체크해 보세요."

나는 펜을 쥐고 문항들을 하나씩 읽어 내려갔습니다. '나는 다른 사람의 잘못을 보면 지적하고 싶다.', '감정이 앞서 행동하거나 말할 때가 있다.'…. 문항 하나하나가 마치 거울이 되어 나를 비추는 듯했습니다. 작성이 끝나자 선생님은 익숙한 손놀림으로 점수를 합산하여 그래프용지 위에 다섯 개의 점을 찍고, 자를 대고 그 점들을 붉은색 선으로 이었습니다.

그러자 들쑥날쑥한, 마치 험준한 산맥 같은 꺾은선 그래프 하나가 완성되었습니다.

1) 붉은 선이 말해 주는 나의 현주소

선생님은 완성된 그래프를 내 쪽으로 돌려주며, 그래프의 정중앙을 가로지르는 '25점' 라인에 굵게 밑줄을 그었습니다.

"이 25점 선을 마음의 수평선, 즉 '평균'이라고 생각하세요. 보통 이 선을 기준으로 위아래를 판단합니다. 산봉우리처럼 25점에서 50점 사이로 솟아오른 부분은 그 자아의 에너지가 아주 높고 활발한 상태입니다. 반면, 골짜기처럼 25점 이하로 뚝 떨어진 부분이 있다면, 그 자아는 현재 기운이 없거나 깊이 잠들어 있는 상태라고 볼 수 있죠."

나는 푹 꺼져 있는 내 그래프의 한 부분을 가리키며 물었습니다. "점수가 낮으면 좋은 건가요?" 선생님은 고개를 저으며 찻잔을 입으로 가져갔습니다.

"많은 분이 높은 점수에만 관심을 갖지만, 사실 우리를 진짜 힘들게 하는 건 이 '낮은 점수'들일 때가 많아요. 에너지가 부족해서 기능하지 못하는 부분들이죠. 하나씩 살펴볼까요?"

선생님은 구체적인 사례를 들어 설명하기 시작했습니다. 그 이야기들은 마치 나와 내 주변 사람들의 이야기인 양 생생하게 다가왔습니다.

(1) 낮은 CP(비판적 부모가 너무 약할 때): "좋은 게 좋은 거지"

"이 CP 점수가 너무 낮으면, 마음속에 규율을 잡는 판사가 부재중인 겁니다. 흔히 '사람 좋다'는 소리는 듣지만, 맺고 끊는 게 분명치 않죠. 친구가 돈을 빌려달라고 할 때, 본인도 사정이 어려우면서 '아, 거절하면 상처받을 텐데…' 하며 우물쭈물 빌려주는 사람 있잖아요? 융통성은 있지만 원칙이 없고, 책임감이 약해 보여서 결국엔 흐지부지한 사람으로 기억되기 쉽습니다."

(2) 낮은 NP(양육적 부모가 너무 약할 때): "냉혈한"

"이 NP 점수가 바닥이라면 어떨까요? 따뜻한 어머니의 마음이 실종된 상태입니다. 직장 상사를 떠올려 보세요. 부하 직원이 독감에 걸려 끙끙 앓고 있는데, '보고서는 언제 됩니까?'라고 묻는 사람. 아주 냉정하고 인간미가 없죠. 아이들이나 주변 사람들에게 쌀쌀맞은 느낌을 줘서, 본의 아니게 상대방을 불안하고 외롭게 만듭니다."

(3) 낮은 A(어른 자아가 너무 약할 때): "브레이크가 고장 난 자동차"

"여기가 가장 중요합니다. 냉철한 현실 감각인 A가 낮으면, 삶이 충동적으로 변합니다. 계획 없이 그때그때 기분에 따라 행동하죠. 월급날 기분 좋다고 한턱 크게 쏘고는, 다음 날부터 라면만 먹는 사람처럼요. 업무에 일관성이 없고 즉흥적이라서 '저 사람은 믿을 수가 없어'라는 평가를 받기 쉽습니다. 늘 뒷수습하느라 바쁜 인생이 되죠."

(4) 낮은 FC(자유로운 어린이가 너무 약할 때): "회색빛 로봇"

"내면의 피터팬이 감옥에 갇힌 경우입니다. 감정을 꾹꾹 억누르다 보니, 사는 게 재미가 없어요. 노래방에 가서도 넥타이를 풀지 못하고 정자세로 앉아 있는 부장님 같은 모습이죠. 행동이 소극적이고 무미건조합니다. 겉으로는 얌전해 보여도 내면에는 풀지 못한 스트레스가 화약고처럼 쌓여 가고 있을 겁니다."

(5) 낮은 AC(순응하는 어린이가 너무 약할 때): "안하무인 트러블 메이커"

"이건 반대로 남의 눈치를 너무 안 보는 경우입니다. 독선적이죠. 특히 자기 하고 싶은 대로 하는 FC는 높은데 남을 배려하는 AC가 바닥이면 최악입니다. 식당에서 아이들이 뛰어다니는데 '애 기 죽게 왜 그래요!'라고 소리치는 부모처럼, 본인은 세상 편하게 살지만 주변 사람들은 그 사람 때문에 엄청난 스트레스를 받게 됩니다."

2) 마음의 시소: 균형을 읽다

선생님은 그래프 전체를 손바닥으로 훑으며 말을 이었습니다.

"이제 숲을 볼까요? 마음 그림표를 볼 때는 나무 하나하나보다는 전체적인 균형을 봐야 합니다. 마치 시소를 타는 것과 같아요."

"시소라고요?"

"네. 그래프의 왼쪽(P)과 오른쪽(C)을 보세요. 왼쪽의 P(부모 자아) 쪽이 전체적으로 높다면 당신은 '부모 같은 마음'으로 세상을 사는 사람입니다. 책임감이 강하고 남을 가르치려 하거나 돌보려 하죠. 반대로 오른쪽의 C(어린이 자아) 쪽이 높다

면 '아이 같은 마음'이 강한 겁니다. 감성적이고 즉흥적이며,
때로는 의존적일 수 있죠."

그리고는 더 깊이 파고들어 세밀한 비교를 시작했습니다.

CP vs NP: "부모 마음 중에서도 어느 쪽이 더 강한가요? 엄
격한 아버지(CP)가 높다면 비판적인 경향이, 온화한 어머니
(NP)가 높다면 보호적인 경향이 당신을 지배하고 있는 겁니다."

FC vs AC: "아이 마음 중에서는요? 자유로운 피터팬(FC)이
높다면 솔직하고 거침없는 성격이고, 눈치 보는 아이(AC)가
높다면 자신을 억제하고 남에게 순응하려는 성향이 강한 것
이죠."

3) 마음의 관제탑: '어른(A)'이 쥐고 있는 키

선생님은 사뭇 진지해진 눈빛으로 그래프의 정중앙, '어른 자
아(A)'의 위치에 아주 큰 붉은색 동그라미를 쳤습니다.

"하지만 이 모든 것 중에서 가장 결정적인 것은 바로 이
가운데에 있는 '어른(A)'의 높이입니다. A는 다른 자아들을
조율하는 '관제탑' 혹은 오케스트라의 '지휘자' 역할을 하거
든요."

"지휘자요?"

"네. 만약 A가 다른 자아들보다 점수가 높다면 다행입니

다. 아무리 감정이 격해져서 아이처럼 떼를 쓰고 싶어도(C), 혹은 꼰대처럼 잔소리를 하고 싶어도(P), 이성적인 지휘자(A)가 깨어 있다면 통제가 가능하니까요. '지금은 화낼 타이밍이 아니야. 진정해.'라고 스스로를 다독일 수 있죠."

선생님은 잠시 뜸을 들이다 덧붙였습니다.

"하지만 A가 푹 꺼져 있어서 다른 자아들보다 낮다면 문제입니다. 지휘자가 잠든 오케스트라와 같아요. 가장 목소리가 큰 녀석(가장 높은 점수의 자아)이 마이크를 뺏어서 제멋대로 노래를 부르는 꼴이 됩니다. 욱하면 욱하는 대로 사고를 치고, 우울하면 한없이 땅을 파고 들어가죠. A보다 큰 자아 상태가 당신 인생의 핸들을 멋대로 돌려 버리는 겁니다. 그래서 우리는 끊임없는 수련을 통해 이 '어른 자아'를 키워야 합니다."

4) 성격 개조의 비밀: 뺄셈이 아니라 덧셈이다

내 그래프는 처참했습니다. 비판적인 CP는 높고, 따뜻한 NP는 낮았으며, 무엇보다 어른 자아 A와 FC가 푹 꺼져 있고 AC가 높아 스트레스를 많이 받습니다. 나는 한숨을 쉬며 물었습니다.

"선생님, 제 그래프는 엉망이네요. 저는 성격이 나쁜 편인가요? 이걸 고치려면 이제부터 화도 안 내고, 비판도 안 하면서 꾹 참고, 남의 눈치도 보지 않으려고 애써야겠죠?”

내 말에 선생님은 손사래를 치며 빙그레 웃으셨습니다.

“에이, 그런 건 아닙니다. 마음 그림표는 좋고 나쁨을 따지는 성적표가 아니에요. 단지 당신의 개성을 보여 줄 뿐이죠. 하지만 이 성격 때문에 자꾸 부딪힌다면 수정할 필요는 있습니다. 그런데 방금 아주 중요한 오해를 하셨어요.” “오해라니요?”

“많은 사람이 성격을 바꾸고 싶을 때, ‘높은 점수를 낮추려고’ 애를 씁니다. 당신처럼 ‘화내지 말아야지’, ‘참아야지’ 하고 억누르는 식이죠. 그런데 해 보시면 알겠지만, 그거 정말 안 됩니다. 이미 주도권을 쥐고 있는 강한 에너지를 억지로 누르면 풍선처럼 다른 곳이 터져 버려요. 병만 납니다.”

선생님은 붉은 색연필을 집어 들더니, 내 그래프의 낮은 골짜기 부분에 점선을 그리기 시작했습니다.

“뺄셈이 아니라 덧셈을 해야 합니다. 높은 것을 깎으려 하지 말고, ‘낮은 부분을 높이는 것’에 집중하세요. 우리 마음의 에너지는 총량이 정해져 있습니다. 마치 물풍선과 같아요. 쪼그라들어 있는 낮은 부분에 물을 채워 넣으면, 빵빵하게 부풀어 있던 다른 쪽의 압력은 자연스럽게 줄어들게 됩니다.”

"물을 채운다… 그게 무슨 뜻인가요?"

"만약 당신이 엄격한 판사(높은 CP)라서 문제인데 따뜻한 마음(낮은 NP)이 부족하다면, '비판하지 말자'라고 다짐하는 대신 '따뜻한 칭찬을 하루에 한 번 하자'라고 목표를 세우는 겁니다. 칭찬을 하려면 상대를 관찰해야 하고, 좋은 점을 찾아야 하죠? 그렇게 NP를 쓰다 보면, 자연스럽게 비판할 시간과 에너지가 줄어들어 CP는 저절로 낮아지게 되어 있어요. 이것이 **성격 변화의 황금 열쇠입니다.**"

5) 변화를 위한 첫걸음: 도봉산에서의 야호

상담을 마치고 일어서려는 나에게, 선생님은 마지막으로 아주 구체적인 과제를 내주었습니다.

"자, 이제 붉은 점선으로 그린 '되고 싶은 나'로 가기 위해, 구체적인 행동 계획을 세워 봅시다. 거창한 목표는 필요 없어요. 낮은 점수가 나온 자아 상태 중에서 딱 한두 개만 골라 보세요. 당신은 '자유로운 어린이(FC)'가 너무 낮으니, 이걸 높이는 것부터 시작해 볼까요?"

선생님은 노트 귀퉁이에 꾹꾹 눌러 쓴 예시를 보여 주었습니다.

목표: 대자연의 에너지를 접하며 어린아이처럼 소리쳐 보기.

구체적 실천: 20　　년　월　일　요일 오전 9시, 가족들과 함께 도봉산에 등산을 간다. 정상에 올라가서 남들 시선 신경 쓰지 않고 "야호!" 하고 크게 세 번 외쳐 본다.

"보세요. '성격을 활달하게 바꾸자'라는 막연한 구호보다는, '이번 주말에 도봉산에 가서 소리를 지른다.'라는 계획이 훨씬 실천하기 쉽고 명확하죠? FC를 높이려면 몸을 움직여야 합니다. 땀을 흘리고, 소리를 지르고, 맛있는 것을 먹으며 '아, 좋다!'라고 감탄사를 내뱉어야 해요. 그렇게 행동을 하나씩 바꾸다 보면, 어느새 당신의 마음 지도도 서서히, 하지만 분명하게 바뀌어 있을 겁니다."

상담실 문을 나서며 나는 가을바람을 깊게 들이마셨습니다. 내 마음의 지도는 고정된 운명이 아니었습니다. 내가 펜을 들고 언제든 다시 그릴 수 있는 설계도였죠. 이번 주말에는 정말로 도봉산에 가봐야겠습니다. 가서 목청껏 소리를 지르면, 내 안의 웅크린 아이가 기지개를 켜고 일어날 것만 같으니까요.

실천 계획: 25점 이하 부분 높이기

자아 상태별 촉진 행동을 한 분야에 2~3개를 선택하여 실천합니다.

자아 상태별 촉진 행동

● **CP**(비판적 부모 자아)─**책임의식 강화**

1. 신문 사설을 읽고 논리적으로 비평한다.

2. 일일 생활 규칙 5가지를 정하고 지킨다.

3. 마음에 들지 않을 때 단호하게 지적한다.

4. 회의나 모임에서 잘못된 부분을 명확히 짚어 준다.

5. 도덕적 이슈에 대해 소신을 담은 글을 쓴다.

6. 자녀나 후배에게 예절 교육을 하고 훈계한다.

7. 습관을 고치기 위해 자신에게 엄격한 잣대를 적용한다.

8. 무질서한 행위를 하는 사람에게 주의를 준다.

9. 일의 우선순위를 정하고 계획대로 엄격하게 진행한다.

10. 정해진 약속 시간이나 마감 기한을 철저히 준수한다.

11. 객관적인 데이터와 기준을 바탕으로 성과를 평가한다.

12. 비효율적인 프로세스를 찾아내어 개선 방향을 제안한다.

13. 나의 가치관과 철학을 명확하게 정리하여 발표한다.

14. 타인의 부탁이 원칙에 어긋날 때 단호하게 거절한다.

15. 공동체의 이익을 위해 필요한 규범을 제정하고 제안한다.

16. 인문학 서적을 읽고 저자의 주장에 반론을 제기한다.

17. 잘못된 정보나 가짜 뉴스에 대해 팩트 체크를 한다.

18. 팀원에게 명확한 가이드라인과 책임을 부여한다.

19. 사회적 정의를 수호하기 위한 캠페인에 참여한다.

20. 나의 행동이 원칙에 부합했는지 자아 성찰하며 비판한다.

● NP (양육적 부모 자아) — 따뜻한 돌봄과 배려심 향상

1. 하루에 한 번 누군가를 칭찬해 본다.

2. 나 자신에게도 따뜻한 말을 건넨다.

3. 감정을 솔직히 표현하도록 격려한다.

4. '괜찮아, 그럴 수도 있어'라고 말해 준다.

5. 힘든 사람의 입장에서 상황을 상상해 본다.

6. 대화 중 상대의 감정을 먼저 언급해 본다.

7. 도움이 필요한 사람에게 먼저 손을 내민다.

8. 실수를 했을 때 부드럽게 받아 준다.

9. 상대가 원하는 방식으로 지지해 준다.

10. 판단보다 공감을 먼저 한다.

11. 작은 배려를 실천한다(문 열어 주기, 자리 양보 등).

12. 조용한 응원도 큰 힘이 됨을 기억한다.

13. 도움을 주되, 스스로 해결할 기회도 준다.

14. 위로가 필요한 말 대신 따뜻한 눈빛을 건넨다.

15. '나는 네 편이야'라는 태도를 보인다.

16. '너도 충분히 소중한 존재야'라고 표현한다.

17. 실망스러운 상황에서도 희망을 이야기한다.

18. 약자의 목소리에 귀 기울인다.

19. 감정 표현이 어려운 사람을 기다려 준다.

20. 상대의 장점을 찾아 직접 말해 준다.

● A(어른 자아)—합리적 사고와 균형 감정 조절

1. '왜 그럴까?'를 자주 스스로에게 묻는다.

2. 감정이 격할 땐 즉시 반응하지 않는다.

3. 사실과 추측을 구분하려 노력한다.

4. 문제 발생 시 원인과 대안을 구분한다.

5. 감정보다 논리로 결정하는 연습을 한다.

6. 회의나 논의 중 감정 개입 없이 의견을 정리한다.

7. 확증편향을 경계하고 반대 의견도 검토한다.

8. 이성적인 타이밍에 결정을 내린다.

9. 상대의 주장에 근거를 요구하되, 비난하지 않는다.

10. 정보가 부족하면 결정을 미룰 줄 안다.

11. 데이터와 사실에 기반한 피드백을 주고받는다.

12. 자기 감정도 객관적으로 바라보려 한다.

13. 감정 이입보다는 객관적 분석을 우선한다.

14. 설득보다 조율을 우선한다.

15. 질문을 통해 상대를 이해하려 한다.

16. 감정의 물결에 휘둘리지 않도록 훈련한다.

17. 입장을 바꿔 보며 균형감각을 키운다.

18. 자료를 통해 판단한 내용을 검증한다.

19. 항상 '지금 이성적으로 말하고 있는가?'를 자문한다.

20. 상황을 종합적으로 판단한다.

● FC (자유로운 어린이 자아) ― 창의성과 자발성 향상

1. 하고 싶은 걸 스스로에게 허락한다.

2. 즉흥적으로 여행이나 산책을 떠나 본다.

3. 부끄러워도 노래하거나 춤춰 본다.

4. 그림을 그리거나 만들기를 시도해 본다.

5. 감정에 솔직해지는 연습을 한다.

6. 누군가와 함께 웃을 수 있는 놀이를 한다.

7. 창의적 글쓰기나 상상력을 자극하는 활동을 한다.

8. 실패를 두려워하지 않고 시도해 본다.

9. 엉뚱한 생각을 적어 보며 창의력을 연습한다.

10. 감정 표현에 주저하지 않는다.

11. 계획 없이 하루를 보내는 경험을 해 본다.

12. 마음이 가는 대로 색칠하거나 글을 써 본다.

13. 마음 가는 대로 좋아하는 음악에 몸을 맡긴다.

14. 유머나 장난을 활용한 대화를 나눠 본다.

15. 하고 싶었던 어릴 적 꿈을 떠올려 본다.

16. 실패해도 자책하지 않고 웃어넘긴다.

17. 남의 시선보다 내 기쁨에 집중한다.

18. 자기 감정의 흐름을 글로 표현한다.

19. 좋아하는 일에 몰입하는 시간을 확보한다.

20. "내가 좋아하는 것" 리스트를 만들어 본다.

● AC (순응하는 어린이 자아) ― 안정과 조화력, 자기조절력 강화

1. 규칙을 지킬 때 그 의미를 되새긴다.

2. 윗사람과의 관계에서 존중을 표현해 본다.

3. 갈등 상황에서 타협점을 찾아본다.

4. 기다림의 미덕을 훈련한다.

5. 상대방을 존중하며 경청하는 태도를 실천한다.

6. 상황을 순응적으로 받아들이는 태도를 유지한다.

7. 내가 싫어도 필요한 경우 참아 본다.

8. 질서 있는 생활을 실천해 본다.

9. 혼자만의 규칙을 만들어 지켜 본다.

10. 하루 루틴을 정하고 따르는 연습을 한다.

11. 겸손하게 자신의 잘못을 인정한다.

12. 주변 사람의 감정을 먼저 살핀다.

13. 조용히 물러나는 방법을 연습한다.

14. 상대를 배려하며 대화의 순서를 양보한다.

15. 공공장소에서 에티켓을 지킨다.

16. 공동체 규칙을 지키며 협조한다.

17. 비난보다 인내로 상황을 넘긴다.

18. 자기 감정을 억누르되, 억압하지 않도록 인식한다.

19. 침묵이 때로는 현명하다는 걸 체험해 본다.

20. 나와 다른 의견도 존중하며 수용하려 노력한다.

감정 다이어리 쓰기

이 다이어리는 각 자아 상태(CP: 비판적 부모, NP: 양육적 부모, A: 어른, FC: 자유로운 어린이, AC: 순응적인 어린이)에 대해 요일별로 실천하거나 반성할 내용을 작성하는 용도로 사용합니다.

CP(비판적 부모)

실천 목표:

1. 상대를 비판하기 전, 나의 언행을 돌아본다.
2. 규칙을 강조할 때, 그 이유를 설명한다.
3. 지적보다는 제안 형태로 이야기한다.
4. 완벽보다는 실천 가능한 기준을 세운다.
5. 권위보다 신뢰를 바탕으로 대화한다.

이번 주 실천 내용:

☐ 월　☐ 화　☐ 수　☐ 목　☐ 금　☐ 토　☐ 일

실천 소감 및 느낀 점:

NP(양육적 부모)

실천 목표:

1. 하루에 한 번 칭찬을 실천한다.

2. 감정을 표현하도록 격려한다.

3. 상대의 입장에서 상황을 상상해 본다.

4. 따뜻한 말 한마디를 먼저 건넨다.

5. 작은 배려를 일상 속에서 실천한다.

이번 주 실천 내용:

□ 월　□ 화　□ 수　□ 목　□ 금　□ 토　□ 일

실천 소감 및 느낀 점:

A(어른)

실천 목표:

1. 판단 전 충분한 정보를 수집한다.

2. 감정이 격할 땐 잠시 멈춘다.

3. 사실과 추측을 구분하여 생각한다.

4. 문제 상황의 원인과 대안을 분리하여 본다.

5. 객관적 자료에 기반한 결정을 내린다.

이번 주 실천 내용:

□ 월　　□ 화　　□ 수　　□ 목　　□ 금　　□ 토　　□ 일

실천 소감 및 느낀 점:

FC(자유로운 어린이)

실천 목표:

1. 마음 가는 대로 그림을 그린다.

2. 즉흥적으로 산책이나 놀이를 해 본다.

3. 실패를 두려워하지 않고 새로운 시도를 한다.

4. 어릴 적 좋아했던 활동을 해 본다.

5. 웃음과 유머를 자주 사용한다.

이번 주 실천 내용:

□ 월　□ 화　□ 수　□ 목　□ 금　□ 토　□ 일

실천 소감 및 느낀 점:

AC(순응적인 어린이)

실천 목표:

1. 공동체의 규칙을 의식적으로 지킨다.

2. 갈등 시 타협점을 생각해 본다.

3. 질서를 스스로 만들어 지켜 본다.

4. 순서를 양보하는 행동을 실천한다.

5. 조용히 배려하는 태도를 유지한다.

이번 주 실천 내용:

□ 월　□ 화　□ 수　□ 목　□ 금　□ 토　□ 일

실천 소감 및 느낀 점:

※ 앞으로 6개월 또는 1년 후에 내가 어떤 모습이 되어 있을지 상상
하고, 그 모습을 간단한 메모로 남겨 보세요.

이 책을 만나게 된 당신은,
참 다행이다.

제2장

말이 안 통해요

: 상호 교류 패턴 이해하기

1.

알 수 없는 너,
그리고 더 알 수 없는 나

창밖에는 어느새 짙은 어둠이 깔렸고, 상담실 구석에 놓인 스탠드 조명만이 우리 사이를 아늑하게 비추고 있었습니다. 선생님은 방금 내린 따뜻한 차를 내 찻잔에 조용히 따라 주셨습니다. 쪼르륵, 차 따르는 소리가 적막한 공간을 채우자 왠지 모르게 울컥하는 마음이 들었습니다. 나는 두 손으로 따뜻한 찻잔을 감싸 쥐며, 그동안 가슴 속에 맺혀 있던 답답함을 토해 냈습니다.

"선생님, 사는 게 참 외롭습니다. 직장 동료도, 친구도, 심지어 평생을 약속한 아내까지도… 도무지 말이 통하질 않아요. 마치 투명한 벽에 대고 소리치는 기분입니다. 왜 다들 제 마음을 이렇게 몰라주는 걸까요?"

선생님은 말을 끊지 않고 끝까지 귀를 기울였습니다. 그리고 깊은 눈빛으로 나를 응시하며 나지막이 입을 열었습니다.

"산다는 게 참 그렇죠. 우리는 수없이 많은 사람 틈에 섞여 살지만, 결정적인 순간에는 '아, 결국 나 혼자구나'라는 고립감을 느낍니다. '말이 안 통한다', '저 사람은 도저히 이해할 수 없다'라는 그 절망감… 저도 잘 압니다."

선생님은 잠시 찻잔의 온기를 느끼듯 손끝을 문지르다 말을 이었습니다.

"그런데 말이죠, 여기 아주 뼈아프지만 놀라운 진실이 하나 숨어 있습니다. 우리가 누군가를 '이해할 수 없다'고 비난할 때, 사실 우리는 그 사람을 제대로 보고 있지 않을 확률이 매우 높습니다. 우리는 타인을 있는 그대로의 '객관적 실체'로 보는 게 아니라, 내 기분과 상황이라는 색안경을 낀 채 '주관적 허상'으로 보고 있거든요."

"주관적 허상이라니요?"

"자, 한번 상상해 봅시다. 오늘 당신이 회사에서 큰 성과를 내서 기분이 아주 좋은 상태로 출근했습니다. 그때 평소 별로 친하지 않던 동료가 복도에서 환하게 웃으며 다가옵니다. 당신은 어떻게 생각할까요? 아마 '아, 저 친구 참 밝고 긍정적인 사람이네. 인상이 참 좋아.'라고 느낄 겁니다."

선생님은 몸을 약간 앞으로 숙이며 목소리 톤을 바꿨습니다.

"그런데 며칠 뒤, 당신이 상사에게 호되게 깨지고 자존감이 바닥을 쳤다고 해 봅시다. 그런데 똑같은 동료가 똑같은 표정으로 환하게 웃으며 다가옵니다. 그때는 그 미소가 어떻게 보일까요?"

나는 잠시 생각하다 대답했습니다. "음… '사람이 뭐 저렇게 실없이 웃어? 지금 분위기 파악도 못 하나? 나를 비웃나?'라고 생각할 것 같네요."

"바로 그겁니다." 선생님이 무릎을 탁 쳤습니다.

"그 동료는 변한 게 없습니다. 그는 그저 똑같이 웃었을 뿐이죠. 변한 건 오직 그를 바라보는 '당신의 마음 상태'입니다. 열정적으로 눈을 반짝이며 말하는 사람을 두고, 어떤 날은 '에너지가 넘친다'고 칭찬하다가도, 내가 피곤한 날에는 '말이 많고 시끄럽다'고 비난합니다. 말없이 조용히 있는 사람을 두고 '신중하다'고 하다가, 돌아서서 '음흉하고 답답하다'고 욕을 하죠."

선생님의 말이 비수처럼 꽂혔습니다.

"흥미로운 건, 이렇게 이리저리 타인을 평가하는 기준인 '나 자신’조차 하루에 열두 번도 넘게 변한다는 사실입니다. 우리는 수시로 변덕을 부리는 내 모습은 보지 못한 채, 너무나 쉽게 타인을 ‘저 사람은 원래 저런 인간이야’라고 규정해 버립니다. 이것이 바로 우리가 겪는 소통의 단절, 그 비극의 서막입니다.”

사랑과 전쟁: 어제의 매력이 오늘의 상처가 될 때

이야기는 자연스럽게 나의 가장 큰 고민인 아내와의 관계로 이어졌습니다. 선생님은 쓸쓸한 미소를 지으며 말을 이었습니다.

“이런 인식의 아이러니는 연애와 결혼 생활에서 가장 적나라하게 드러납니다. 우리는 흔히 ‘성격 차이 때문에 못 살겠다’라고 말하죠. 하지만 상담을 하다 보면 아주 역설적인 사실을 발견하게 됩니다. 당신을 그 사람과 사랑에 빠지게 만들었던 그 치명적인 ‘매력’이, 시간이 흐르면 당신을 가장 괴롭히는 ‘단점’으로 돌변한다는 것입니다.”

나는 아내와의 연애 시절을 떠올렸습니다. 그녀의 활발하고 거침없는 모습에 반했었죠. 선생님은 마치 내 마음을 읽은 듯 예시를 들었습니다.

“어떤 남자는 아내의 조신하고 순종적인 모습에 반해 결혼합니다. '이 여자라면 나를 편안하게 해 주겠지'라고 생각하죠. 그런데 5년 뒤, 그 남자는 상담실에 와서 이렇게 하소연합니다. '선생님, 아내가 너무 답답해요. 자기 주관도 없고, 제가 하자는 대로만 하니까 무슨 인형이랑 사는 것 같습니다.'"

"반대 경우도 있어요. '저 남자의 씩씩하고 리더십 있는 모습이 좋아서 결혼했어요.'라고 했던 여자가 나중에는 눈물을 흘리며 말합니다. '남편은 독재자예요. 제 말은 듣지도 않고 자기 멋대로만 결정해요. 숨이 막혀요.'"

선생님은 나를 지그시 바라보며 물었습니다.

"보세요. 신중함은 답답함으로, 리더십은 독재로, 솔직함은 무례함으로… 이름표만 바뀌었을 뿐 그 사람은 그대로입니다. 우리가 그토록 싸우는 이유는, 상대방이 변해서가 아니라 나의 기대와 필터가 변했기 때문일지도 모릅니다. 관계를 무너뜨리는 건 어느 날 갑자기 터진 거대한 사건 하나가 아닙니다. 우리가 알아차리지 못한 채 매일 조금씩 긁히고 덧난, '왜 저래?'라는 작은 감정의 생채기들이 곪아 터지는 것이지요."

소통을 방해하는 자아의 충돌: 교차적 교류의 비극

"그렇다면 선생님, 우리는 왜 이렇게 서로에게 상처만 주게 되는 걸까요? 그냥 좋게 말하면 되잖아요."

나의 하소연에 선생님은 종이 위에 화살표 두 개가 엇갈리는 그림을 그리며 설명했습니다.

"심리학, 특히 교류 분석에서는 이것을 '자아 상태의 충돌'이라고 부릅니다. 쉽게 말해, 내 안의 '어떤 자아'가 튀어 나와 상대방의 '어떤 자아'를 건드렸을 때, 스파크가 튀며 폭발하는 것이죠.

직장에서의 대화를 예로 들어 볼까요? 상사 A는 진심으로 후배가 잘되기를 바라는 마음, 즉 '양육적 부모(NP)'의 마음으로 조언을 했습니다. '김 대리, 이 보고서는 데이터를 좀 더 보강하면 훨씬 완벽할 것 같아.'

그런데 그 순간, 그 조언을 듣는 후배 B의 마음속에 열등감에 사로잡힌 '반항하는 어린이(AC)'가 튀어나온다면 어떨까요? 그는 그 따뜻한 조언을 도움이 아닌 '비난'이나 '잔소리'로 받아들입니다. 겉으로는 '네…'라고 대답하지만 속으로는 '아, 또 시작이네. 왜 나한테만 그래? 자기는 얼마나 잘한다고.'라고 생각하겠죠."

선생님은 안타까운 표정으로 덧붙였습니다.

　"A는 도와주려다 봉변을 당한 셈이고, B는 잔소리를 들어 기분이 상했습니다. 서로의 주파수가 맞지 않아 충돌한 '교차적 교류'의 전형입니다. 우리는 늘 '왜 저 사람은 내 진심을 몰라줄까?'라고 한탄하지만, 이 질문은 방향이 잘못되었습니다. 진짜 핵심 질문은 이것이어야 합니다."

　선생님의 목소리에 힘이 실렸습니다.

　"나는 지금 어떤 자아 상태로 그 사람을 대하고 있는가? 그리고 상대는 어떤 자아 상태로 내 말을 듣고 있는가? 내가 바뀌지 않으면, 상대의 반응도 절대 바뀌지 않습니다. 이것이 소통의 제1법칙입니다."

상대를 꿰뚫어 보는 눈: 네 가지 마음의 유형

"상대를 이해하려면, 먼저 그 사람이 어떤 마음의 옷을 입고 있는지 알아봐야 합니다."

　선생님은 손가락을 꼽아 가며 주변에서 흔히 볼 수 있는 네 가지 유형을 아주 실감 나게 묘사했습니다.

(1) 아버지 유형(완고한 권위주의자): "주변에 이런 분 꼭 있죠. 표정은 늘 근엄하고, 농담 한 번 하는 법이 없습니다. '요즘 젊은 것들은 정신 상태가 썩었어.' 같은 말을 입에 달고 살죠.

꽉 막힌 벽창호 같지만, 사실 이분들의 내면에는 아주 강한 책임감이 자리 잡고 있습니다. 표현이 서툴러서 그렇지, 조직이나 가정을 지키려는 마음은 누구보다 강한 분들이죠.”

(2) **어머니 유형**(희생적인 헌신자): “자신을 위한 밥상은 대충 차려도, 자식이나 남편 밥상은 임금님 수라상처럼 차리는 분들입니다. ‘내가 다 해 줄게, 넌 가만히 있어.’라며 모든 걸 챙겨 주려 하죠. 따뜻해 보이지만, 때로는 그 과잉 친절이 상대방을 숨 막히게 하거나 의존적으로 만들기도 합니다.”

(3) **형/누나 유형**(비판적 활동가): “에너지가 넘치고 매사에 적극적입니다. 회의 시간에는 제일 먼저 손을 들고 발언하죠. 하지만 동시에 아주 비판적입니다. ‘그건 틀렸어!’, ‘내 말이 맞아.’라며 따지기를 좋아해서 주변 사람들을 피곤하게 만들기도 합니다. 남과 경쟁해서 이기려는 승부욕이 강한 유형이죠.”

(4) **막냇동생 유형**(의존적 분위기 메이커): “분위기 메이커 역할을 톡톡히 합니다. 밝고 애교가 많아서 주변을 즐겁게 하죠. 하지만 힘든 일이나 책임져야 할 일이 생기면 슬쩍 뒤로 빠집

니다. '아 몰라~ 배 째라 그래~'라며 덜렁거리거나 고집을 피우기도 하죠. 미워할 수는 없지만, 중요한 일을 맡기기엔 불안한 유형입니다."

"어떤가요? 아내분이나 직장 상사의 얼굴이 떠오르나요? 그들이 '나를 괴롭히려고' 그러는 게 아닙니다. 단지 그들이 입고 있는 '마음의 옷(유형)'이 그럴 뿐이라는 걸 알게 되면, 우리는 비로소 그들을 미워하지 않고 있는 그대로 바라볼 수 있는 여유를 갖게 됩니다."

서로를 완성하는 퍼즐: 보완적 대화의 기술

상담이 막바지에 이르자, 나는 조금 더 구체적인 방법을 묻고 싶어졌습니다.

"그럼 선생님, 유형도 다르고 말도 안 통하는 저 사람과 도대체 어떻게 대화해야 합니까?"

선생님은 미소를 지으며 찻잔을 내려놓았습니다.

"대화는 퍼즐 맞추기와 같습니다. 상대가 뾰족하게 나오면 내가 오목하게 들어가 주고, 상대가 비어 있으면 내가 채워주는 것이죠. 이것을 '보완적 대화'라고 합니다."

그러면서 아주 실용적인 세 가지 기술을 전수해 주었습니다.

(1) **입을 닫고 눈으로 듣기**(경청): "흥미롭게도 세상에서 가장 말을 잘하는 사람은 '청산유수처럼 떠드는 사람'이 아니었습니다. 오히려 말수가 적고, 상대의 눈을 지그시 바라보며 들어주는 사람이었죠. 우리는 흔히 상대방 말이 끝나기도 전에 '다음에 내가 무슨 말을 해서 저 사람을 이겨 먹지?' 하고 반격할 준비를 하느라 주의를 뺏깁니다. 하지만 상대의 눈을 보고, 그 사람의 감정과 숨은 의도까지 파악하려는 '적극적 경청'이야말로 상대를 무장해제시키는 최고의 무기입니다."

(2) **상대의 영토를 침범하지 않기**(존중과 거리 두기): "미국의 언어학자 로빈 레이코프는 아주 중요한 말을 했습니다. 인간은 누구나 '친해지고 싶은 욕구'와 '혼자 있고 싶은 욕구'를 동시에 가진다고요. 대화할 때 이 '거리'를 지켜 주는 게 핵심입니다. '이거 해!'라고 명령조로 말하면 상대의 영토(독립성)를 침범하는 겁니다. 대신 '이것 좀 해 줄 수 있을까? 곤란하면 거절해도 돼.'라고 선택권을 주세요. 거절할 때도 '안 돼!'라고 딱 자르는 대신, '마음은 굴뚝같은데 상황이 참 아쉽네'라고 완곡하게 말하는 것. 이런 작은 배려가 관계의 윤활유가 됩니다."

(3) 요약과 침묵의 마법: "마지막으로, 상대방이 횡설수설하거나 말이 너무 길어질 때 쓰는 비법입니다. 중간에 말을 자르지 말고, 잠시 듣다가 이렇게 말해 보세요. '아, 그러니까 네 말은 결국 ~라는 거지? 내가 제대로 이해한 게 맞나?' 이렇게 핵심을 짚어 요약해 주면, 상대방은 '아! 내 말이 통했구나!'라는 안도감을 느끼고 장황한 말을 멈추게 됩니다.

그리고 침묵을 두려워하지 마세요. 질문을 받았을 때 1초 만에 튀어 나가듯 대답하지 말고, 2~3초 정도 침묵의 여백을 둬 보세요. 그 짧은 멈춤은 당신의 대화에 품격을 더해 주고, 조급한 감정을 가라앉혀 줍니다."

선생님은 자리에서 일어나며, 따뜻한 눈빛으로 마지막 당부를 덧붙였습니다.

"우리는 누구나 타인과 깊이 연결되기를 원합니다. 하지만 그 연결은 '저 사람이 변해야 해'라는 요구로는 절대 이루어질 수 없습니다. '내가 먼저 저 사람의 언어를 이해해 볼까?'라는 당신의 작은 호기심과 변화. 바로 거기서 기적은 시작됩니다. 오늘 집에 가시면 아내에게 '판단' 대신 '관찰'의 눈빛을 한번 보내 보세요. 아마 전과는 다른 아내의 모습이 보일 겁니다."

2.
———

내가 쏜 화살, 상대의 반응
: 상호 교류 패턴 이해하기

오랜만에 찾은 상담실에는 오후의 햇살이 길게 드리우고 있었습니다. 찻잔에서 피어오르는 김 사이로 선생님의 온화한 눈빛이 나를 향했습니다. 나는 답답한 마음에 가슴을 치며 물었습니다.

"선생님, 정말 미치겠어요. 저는 그저 '밥 먹었냐'고 물어봤을 뿐인데, 아내는 왜 화를 내는 걸까요? 제가 도대체 무슨 실수를 한 건지 모르겠습니다."

선생님은 찻잔을 내려놓으며 천천히 입을 열었습니다.

"우리는 흔히 대화가 '말(Word)'을 주고받는 것이라고 생각합니다. 하지만 사실 대화는 에너지의 교환입니다. 당신이 입을 열어 상대에게 말을 건네는 순간, 당신은 보이지 않는 '자극의 화살'을 쏘아 보낸 겁니다."

"화살이라고요?"

"네, 바로 당신의 마음속 특정한 상태(자아)에서 출발하여 상대방 마음속의 특정한 과녁을 향해 날아가는 화살이죠. 문제는 이 화살이 당신의 의도대로 날아가 꽂히느냐, 아니면 공중에서 부딪혀 떨어지느냐에 달려 있습니다. 이것을 심리학에서는 '상호 교류(Transaction)'라고 부릅니다. 우리가 왜 싸우는지 알기 위해서는 이 화살의 궤적을 추적해 봐야 해요."

선생님은 노트에 화살표 두 개가 나란히 오가는 그림을 그리며 설명을 이어 갔습니다.

첫 번째 궤적: 마음의 평행선(상보 교류)

"가장 이상적인 대화는 화살이 서로 부딪히지 않고 평행하게 오가는 상태입니다. 당신이 어른스러운 이성으로 물었을 때, 상대방도 어른스러운 이성으로 답하는 것이죠.

나 (차분하게) 지금 몇 시야? (정보를 묻는 화살 → 상대의 이성을 향함)

상대 (차분하게) 3시야. (정보를 주는 화살 → 나의 이성을 향함)

보세요. 당신이 보낸 화살이 정확히 상대방의 '이성(Adult)'이라는 과녁에 꽂혔고, 상대방도 당신이 기대한 대로 반응했습니다. 화살의 결이 평행합니다. 이런 대화에서는 갈등이 생길 틈이 없습니다. 물 흐르듯 자연스럽죠."

나는 고개를 끄덕였습니다.

"맞아요. 이런 대화만 하면 얼마나 좋겠어요. 하지만 현실은 그렇지 않잖아요."

두 번째 궤적: 엇갈린 화살, 그리고 충돌(교차 교류)

선생님은 볼펜을 들어 평행선 위에 X자 모양으로 엇갈리는 선을 그었습니다. 펜촉이 종이를 긁는 소리가 날카롭게 들렸습니다.

"갈등은 바로 여기서 시작됩니다. 당신은 '이성'의 화살을 쏘았는데, 상대방이 갑자기 '감정'의 방패를 꺼내 들거나, '훈계'의 도끼를 휘두르는 경우죠. 화살의 궤적이 꼬여 버린 겁니다. 아까 말씀하신 '밥 먹었냐'는 질문을 예로 들어 볼까요?

나 (걱정스러운 마음으로) 여보, 오늘 몸 안 좋다더니 밥은 챙겨 먹었어? (보살핌의 화살 → 상대의 현재 상태를 향함)
아내 (짜증 섞인 목소리로) 당신은 맨날 밥 타령이야? 내가 알아서 한다니까! (반항적인 아이의 화살 → 나의 통제적인 부모 자아를 향함)

이 대화를 보니 어떤 생각이 드나요?"

나는 무릎을 쳤습니다.

"바로 그겁니다! 저는 걱정돼서 물어본 건데, 아내는 제가 자기를 어린애 취급한다고 생각하는 것 같아요."

"정확히 보셨습니다. 당신은 '동등한 배우자'로서 물었지만, 아내는 그 화살을 '간섭하는 부모'가 쏘았다고 오해하고 받아친 겁니다. 당신의 화살은 아내에게 닿기도 전에, 아내가 쏘아 올린 날카로운 가시 돋친 화살과 공중에서 충돌했습니다. 쾅! 하고 폭발음이 들리는 것 같지 않나요? 이것이 바로 대화가 단절되는 순간, 교차 교류입니다."

선생님의 설명을 들으니 머릿속에 엉켜 있던 실타래가 조금 풀리는 기분이 들었습니다. 내가 쏜 화살의 의도도 중요하지만, 상대방이 그 화살을 어디서 받았는지가 더 중요했던 것입니다.

세 번째 궤적: 미소 뒤에 숨겨진 칼(이면 교류)

"하지만 더 무서운 화살이 있습니다."

선생님의 목소리가 한층 낮아졌습니다.

"겉보기엔 평화로워 보이지만, 그 속에 독을 품고 날아가는 화살이죠."

"독을 품었다고요?"

"바로 겉으로 드러난 말(사회적 수준)과 속에 감춰진 의도 (심리적 수준)가 다른 경우입니다. 우리가 흔히 '비꼬는 말'이 라고 하는 것들이죠.

말 자체는 칭찬 같습니다. 하지만 상대방은 그 말 뒤에 숨 겨진 비난의 화살을 본능적으로 감지합니다. 겉으로는 웃고 있지만, 속에서는 피를 흘리게 되죠. 이런 대화가 반복되면 관계는 걷잡을 수 없이 곪아 터지게 됩니다." 선생님은 나를 지그시 바라보며 물었습니다.

"자, 이제 당신의 지난 대화를 되감아 봅시다. 당신이 무심 코 던진 그 말은, 상대방의 어디를 향하고 있었나요? 그리고 상대방의 날 선 반응은, 당신의 어떤 모습을 거냥한 것이었 을까요? 이 보이지 않는 화살들의 궤적을 볼 수 있는 눈(Insi ght)을 뜨는 것, 그것이 갈등을 멈추는 첫걸음입니다."

나는 찻잔을 들어 식어 버린 차를 한 모금 마셨습니다. 차 갑지만 정신이 번쩍 드는 맛이었습니다. 내가 쏘아 올린 수많 은 화살들이 허공에서 부딪혀 산산조각 나는 장면이 눈앞에

그려졌습니다. 이제야 알 것 같았습니다. 왜 우리는 같은 문제로 거듭 다투고 있었는지를….

3.
관계의 접점에서 발생하는 오해와 편견

"선생님, 앞서 말씀하신 '화살' 이야기는 이해가 갑니다. 제가 쏘아 보낸 화살이 엉뚱한 곳으로 날아갔다는 것도 알겠고요. 그런데 말이죠…."

나는 찻잔을 만지작거리며 억울한 표정을 지었습니다.

"솔직히 좀 억울합니다. 저는 정말 순수한 의도로 말했거든요. 그런데 상대방은 제 말을 꼬아서 듣고, 비틀어서 해석해요. 있는 그대로 좀 받아들여 주면 안 되는 겁니까? 왜 굳이 오해를 만들어서 싸움을 거는지 도무지 이해할 수가 없어요."

선생님은 빙그레 웃으며 서랍에서 안경 하나를 꺼내 책상 위에 올려놓았습니다. 렌즈에 짙은 푸른색이 감도는 선글라스였습니다.

“이걸 한번 써 보시겠습니까?”

나는 영문도 모른 채 안경을 썼습니다. 그러자 순식간에 상담실의 따스한 주황빛 조명이 서늘한 푸른색으로 변했습니다. 선생님의 온화했던 얼굴도 조금 차갑고 냉정해 보였습니다.

“자, 지금 제 넥타이가 무슨 색으로 보이나요?”

“검은색… 아니, 아주 짙은 남색처럼 보이는데요.”

선생님은 고개를 저으며 자신의 넥타이를 들어 보였습니다. 그것은 선명한 붉은색이었습니다.

“당신은 거짓말을 한 게 아닙니다. 당신의 눈에는 정말 남색으로 보였으니까요. 하지만 그것이 ‘진실’인가요?”

나는 안경을 벗으며 고개를 저었습니다. 선생님의 목소리가 한층 깊어졌습니다.

“인간관계에서 발생하는 모든 오해와 편견은 바로 여기, 마음의 색안경에서 시작됩니다. 심리학에서는 이것을 준거 틀(Frame of Reference)이라고 부릅니다. 우리는 모두 각자의 창문으로 세상을 봅니다.”

“준거 틀이라뇨?”

“사람은 누구나 태어나서 자라 오는 동안 자신만의 경험, 가치관, 상처로 만들어진 ‘색안경’을 하나씩 쓰게 됩니다. 어떤 사람은 '세상은 믿을 수 없는 곳이야'라는 회색 안경을 쓰고, 어떤 사람은 '나는 사랑받지 못할 거야'라는 검은 안경을 씁니다. 문제는, 자신이 안경을 쓰고 있다는 사실조차 모른 채 그것이 세상의 본모습이라고 착각한다는 것입니다."

선생님은 노트에 두 사람이 서로 마주 보고 있는 그림을 그렸습니다. 그림 속 두 사람 사이에는 커다란 벽이 하나 있었습니다.

"당신이 아내에게 '집이 좀 지저분하네'라고 말했다고 가정해 봅시다. 당신의 안경(준거 틀)으로 볼 때 이건 단순히 '청소가 필요한 사실'을 말한 것뿐입니다. 하지만 아내가 만약 '나는 완벽해야 사랑받는다'는 강박의 안경을 쓰고 있다면 어떨까요? 아내에게 당신의 말은 '사실'이 아니라, '너는 게으르고 무가치한 사람이야'라는 '비난'으로 굴절되어 들립니다."

"아…! 그래서 화를 냈군요."

"맞습니다. 두 사람의 관계가 만나는 접점(Interface)에서, 서로 다른 색깔의 안경이 부딪친 겁니다. 당신은 투명한 유리를 통해 화살을 쏘았다고 생각했지만, 상대방은 굴절된 렌즈를 통해 그 화살을 흉기로 받아들인 것이죠. 이것이 바로 오해의 메커니즘입니다."

편견이라는 낡은 지도를 버려라

"그럼 어떻게 해야 합니까? 상대방이 색안경을 끼고 있는데, 제가 무슨 말을 한들 제대로 통하겠어요?"

나의 항변에 선생님은 단호하게 말했습니다.

"상대방의 안경을 벗길 수는 없습니다. 하지만 나의 안경을 먼저 인식할 수는 있습니다."

선생님은 손가락으로 내 가슴을 가리켰습니다.

"많은 갈등은 '내가 옳고 네가 틀렸다'는 전제에서 시작됩니다. '내 눈에 빨간색이니 너도 빨간색이어야 해'라고 강요하는 순간 대화는 전쟁이 됩니다. 올바른 이해의 시작은, '내 눈에 보이는 것이 전부는 아니다'라는 겸손함을 갖는 것입니다."

"겸손함이라… 구체적으로 어떻게 해야 하죠?"

다른 사람을 올바르게 이해하는 법: 해석을 멈추고 질문하라

선생님은 세 손가락을 펴고 하나씩 접어 가며 원칙을 제시했습니다.

(1) '나의 진실'과 '너의 진실'을 분리하기: "상대가 화를 낼 때 '왜 화를 내?'라고 따지기 전에, '아, 저 사람의 안경으로는 내 말이 공격으로 보였구나'라고 인정하는 것입니다. 이것은 상

대의 행동을 정당화하는 것이 아니라, 그 사람의 '내적 현실'
을 인정해 주는 것입니다."

(2) 넘겨짚지 말고 물어보기: "우리는 너무 자주 상대의 마음
을 독심술 하듯 넘겨짚습니다. '저 표정은 나를 무시하는 거
야'라고 성급하게 단정 지어 버리죠. 그러는 대신에 이렇게
물어보세요. '여보, 내가 한 말이 당신에게 어떻게 들렸어? 혹
시 비난하는 것처럼 들렸어?' 자신의 의도(팩트)와 상대의 해
석(감정) 사이의 간극을 확인하는 질문이 오해의 고리를 끊
어 냅니다."

(3) 상대방의 배경(Context)을 읽기: "상대방이 쓴 안경이 어떻
게 만들어졌는지에 관심을 가져 보세요. 아내가 왜 집안일에
예민한지, 남편이 왜 늦은 귀가에 방어적인지 등. 그 사람의
어린 시절, 과거의 상처, 현재의 결핍을 이해하려 노력할 때,
비로소 그 사람의 '이상한 행동'이 '이유 있는 반응'으로 보이
기 시작합니다."

　선생님은 찻잔에 따뜻한 물을 다시 채워 주며 말을 맺었습
니다.

“우리는 결코 타인을 100% 이해할 수 없습니다. 하지만 ‘내가 오해할 수도 있다’는 가능성을 열어 두는 것, 그리고 ‘당신의 세상에서는 그것이 어떻게 보여?’라고 물어봐 주는 것. 그것이 사랑하는 사람을 올바르게 이해하는 유일한 길입니다.”

상담실을 나서며, 나는 문득 아내에게 전화를 걸고 싶어졌습니다. 내가 옳다고 우기는 대신, 아내가 보고 있는 세상의 색깔이 무엇인지 물어보기 위해서⋯.

이 책을 만나게 된 당신은,
참 다행이다.

제3장

대화를 개선하여 운명을 바꾼다

: 건강한 소통으로 나아가기

1.

내가 바뀌면 관계가 달라진다
: 타인을 향한 기대를 나에게로 돌리기

상담실 창밖에는 비가 그치고 맑은 하늘이 드러나고 있었습니다. 하지만 내 마음은 여전히 흐렸습니다.

"선생님, 지난 시간에 배운 대로 제 '색안경'을 인정하려고 노력했습니다. 그런데 억울해요. 왜 저만 노력해야 하죠? 상대방은 여전히 제멋대로 말하고 행동하는데, 저 혼자 참고 이해하려니 손해 보는 기분입니다."

나는 툴툴거리며 속마음을 털어놓았습니다. 선생님은 고개를 끄덕이며 칠판에 큰 원 하나와 작은 원 하나를 그렸습니다.

"많은 분들이 그렇게 말씀하십니다. '왜 내가 먼저 변해야

해?'라고요. 하지만 이건 도덕이나 희생의 문제가 아닙니다.
이것은 '통제권'의 문제입니다."

"희생이 아니라 통제라고요?"

"당신은 타인의 입과 귀를 조종할 수 있습니까?"

"아니요, 불가능하죠."

"맞습니다. 그런데 사실 우리는 대화할 때마다 불가능한 것
에 매달리고 있습니다. 상대를 내 맘대로 바꾸려 하고, 내가
원하는 대답을 내놓으라고 강요하죠. 갈등은 바로 이 '통제
할 수 없는 것을 통제하려는 시도'에서 발생합니다. 이제 그
기대의 화살표를 상대방이 아닌 당신 자신에게로 돌려야 합
니다."

선생님은 큰 원에 '나', 작은 원에 '상대'라고 적었습니다.

"관계는 톱니바퀴와 같습니다. 상대라는 톱니바퀴가 녹슬
어 멈춰 있다고 해서, 당신까지 멈춰 서서 욕만 하고 있을 건
가요? 당신이라는 큰 톱니바퀴가 먼저 방향을 바꿔 힘차게
돌아가면, 당신과 맞물려 있는 상대방의 톱니바퀴는 싫든 좋
든 따라서 움직일 수밖에 없습니다. 내가 바뀌면, 관계의 역
학(Dynamics)이 달라집니다. 이것이 운명을 바꾸는 첫 번째
열쇠입니다."

2.

객관적 이성으로 감정 다스리기
: 어른 자아를 활성화하기

"이론적으로는 알겠습니다. 제가 먼저 변해야 한다는 거요. 그런데 막상 상대방이 비꼬는 말투로 공격해 오면, 머릿속이 하얘지면서 욱하는 감정이 먼저 튀어나옵니다. 이럴 땐 어떻게 해야 하죠?"

선생님은 자신의 가슴을 가리키며 말했습니다.

"그 순간, 당신 마음속에 있는 '유능한 뉴스 앵커'를 소환해야 합니다."

"뉴스 앵커라뇨?"

"교류 분석에서는 우리 마음속에 세 가지 자아(부모, 어른, 아이)가 있다고 했지요. 감정에 휘둘려 화를 내는 건 '아이 자아'나 '비판적 부모 자아'가 운전대를 잡은 상태인데요. 이때 필요한 것이 바로 '어른 자아(Adult Ego State)'입니다. 어른 자아는 감정을 배제하고, 지금 이 상황을 객관적인 사실(Fact) 위주로 처리하는 컴퓨터이자 냉철한 앵커입니다."

"어떻게 하면 그 앵커를 불러낼 수 있나요?"

"세 단계 주문을 기억하세요. 멈춤, 관찰, 사실 말하기입니다."

선생님은 손가락을 하나씩 펴며 설명했습니다.

(1) **멈춤**(Stop): "화가 치밀어 오르는 순간, 3초만 숨을 멈추세요. 감정의 뇌에서 이성의 뇌로 신호가 넘어가는 데 필요한 최소한의 시간입니다."

(2) **관찰**(Observe): "자신을 제3자처럼 바라보세요. '아, 내 얼굴이 지금 붉어지고 있구나', '내가 지금 모욕감을 느끼고 있구나'라고 실시간 중계를 하듯 관찰합니다."

(3) **사실 말하기**(Speak Facts): "그리고 상대에게 감정이 아닌 사실만 전달합니다.

[나쁜 예: 감정 폭발] 당신은 도대체 왜 그 모양이야? 사람 말을 귓등으로도 안 듣지!
[좋은 예: 어른 자아] 당신이 내 말을 듣지 않고 핸드폰만 보고 있으니(사실), 내가 무시당하는 기분이 들어서 대화를 이어 가기 힘드네(영향).

이처럼 감정을 섞지 않고 건조하게 사실만 말하면, 상대방
도 방어벽을 낮추고 이성적으로 반응할 확률이 높아집니다.
이것이 당신의 품격을 지키며 대화를 리드하는 기술입니다."

3.

상대를 설득하기 전에 공감부터
: 소통의 질을 높이는 기술

나는 고개를 끄덕이며 메모를 했습니다. 하지만 여전히 풀리
지 않는 의문이 있었습니다.

"선생님, 그렇게 이성적으로 말한다고 해도, 결국 제 주장
을 상대가 받아들여야 문제가 해결되는 거잖아요? 상대를 설
득하려면 어떻게 해야 합니까?"

선생님은 찻잔을 들어 보이며 물었습니다.

"이 잔에 이미 차가 가득 차 있죠. 그런데 여기에 제가 물
을 더 붓는다면 어떻게 될까요?"

"넘쳐흐르겠죠."

"대화도 똑같습니다. 상대방의 마음이 자기 할 말과 억울함

으로 가득 차 있는 상태에서는, 당신의 그 어떤 논리적이고 옳은 말도 들어갈 틈이 없습니다. 다 튕겨져 나올 뿐이죠. 그래서 설득하기 전에 반드시 '공감'으로 상대의 잔을 비워 줘야 합니다."

"잔을 비워 준다는 게 무슨 뜻인가요?"

"상대의 감정을 읽어 주고, 그 말이 타당하다고 인정해 주는 것입니다. 이것을 '심리적 산소'를 공급한다고 합니다."

선생님은 부드러운 목소리로 예시를 들었습니다.

"다음 대화를 한번 볼까요?

> **상대** 내가 집에서 노는 줄 알아? 나도 힘들다고!
> **설득하려는 나** 누가 놀았대? 나보다 덜 힘들잖아. 논리적으로 따져 보자고. (실패)
> **공감하는 나** 그렇구나. 당신도 오늘 하루 종일 시달려서 많이 지쳤구나. 내가 당신 힘든 걸 몰라줘서 서운했겠네. (성공)

설득하려는 대신 공감하며 말해 주면 상대는 '아, 내 말이 통했구나'라고 느끼며 안도감을 갖습니다. 마음의 문이 열리는 순간이죠. 진정한 설득은 상대를 이기는 것이 아니라, 상대가 스스로 당신의 편에 서고 싶게 만드는 것입니다."

비로소 깨달았습니다. 내가 그동안 대화에서 이기려고 애쓸수록 오히려 관계에서 패배하고 있었다는 사실을 말이죠. 상대를 무장해제시키는 가장 강력한 무기는 날카로운 논리가 아니라, 따뜻한 공감이었던 것입니다.

"이제 준비가 되셨습니까? 당신의 기대를 나에게로 돌리고, 내면의 어른을 깨우며, 상대의 마음에 공감의 다리를 놓을 준비가요."

"선생님, 머리로는 알겠는데 입이 떨어지질 않아요. 막상 그 상황이 되면 습관처럼 쏘아붙이게 될까 봐 겁이 납니다."

나의 솔직한 고백에 선생님은 빙그레 웃으며 의자를 당겨 앉았습니다.

"당연합니다. 공감도 '근육'과 같아서, 안 쓰던 근육을 갑자기 쓰려면 경련이 일어납니다. 지금부터 저와 함께 흔히 일어나는 세 가지 상황을 두고 연습을 해 봅시다. 제가 당신을 힘들게 하는 상대방 역을 맡을 테니, 당신은 방금 배운 '어른 자아'와 '공감'을 사용해서 받아쳐 보세요."

우리는 마치 연극 대본을 읽듯, 실전 연습에 들어갔습니다.

[상황 1] 배우자가 퇴근 후 짜증을 낼 때

아내가 퇴근하자마자 가방을 툭 던지며 말한다. "아, 진짜 회사 때려치우든가 해야지. 김 부장 그 인간 때문에 못 해 먹겠어!"

나쁜 대화(비판적 부모의 개입)

나　또 그 소리야? 그만 좀 해. 남의 돈 버는 게 쉬운 줄 알아? 나도 힘들어 죽겠어.

결과　아내가 "당신이랑 무슨 말을 하냐!"라며 방문을 닫고 들어간다. (대화 단절)

좋은 대화(공감적 경청과 반영)

나　(하던 일을 멈추고 눈을 맞추며) 오늘 김 부장님이 또 당신을 힘들게 했나 보네? 퇴근해서까지 이렇게 화가 난 걸 보니, 오늘 정말 고생 많았겠다.

해설　상대의 감정(화남, 지침)을 읽어 주고, 그 이유(김 부장)를 언급하며 '당신의 화는 정당하다'는 신호를 보낸다. 해결책을 주는 게 아니라, 마음의 짐을 함께 들어 준다.

[상황 2] 동료가 자신의 실수에 방어적으로 나올 때

부하 직원이나 동료가 명백하게 실수를 한 상황인데, 지적하자마자 변명을 늘어놓는다. "아니, 제가 그러려고 그런 게 아니라요. 저쪽 부서에서 자료를 늦게 줘서…"

나쁜 대화(심문하는 검사)

나　변명하지 마세요. 그래서 결과가 어떻게 됐습니까? 남 탓하지 말고 책임을 지라고요!

결과　상대는 겉으로는 "죄송합니다"라고 하지만, 속으로는 '당신이 내 상황을 알아?'라며 반감을 키운다(심리적 저항).

좋은 대화(어른 자아의 팩트+수용)

나　맞아요. 저쪽 부서 자료가 늦어서 당황스러웠겠네요(수용). 그 상황에서 마감 맞추려고 애쓴 거 압니다(인정). 다만, 결과적으로 숫자가 틀린 부분이 있으니 이건 우리가 같이 바로잡아야 해요. 어떻게 수정하면 좋을까요?(팩트 및 협력)

해설　먼저 상대의 억울함(변명)을 '사실'로 받아들여 준다. 그 후 감정을 빼고 '수정'이라는 목표로 초점을 옮긴다. 상대는 공격받지 않았으므로 방어벽을 내리고 협조하게 된다.

[상황 3] 아이가 떼를 쓰거나 고집을 피울 때

아이가 숙제를 하기 싫다며 누워 버린다. "공부하기 싫어! 왜 나만 맨날 공부해!"

나쁜 대화(권위적인 부모)

나　너 지금 몇 살인데 벌써부터 꾀를 부려? 얼른 일어나지 못해? 남들은 학원 세 개씩 다녀!

결과　아이는 억지로 책상에 앉지만, 마음속에는 공부에 대한 혐오감과 부모에 대한 반발심만 자란다.

좋은 대화(감정 읽어 주기)

나　(아이 옆에 앉으며) 우리 ○○가 오늘따라 공부하기가 정말 싫구나. 놀고 싶은데 억지로 하려니 마음이 답답하지?

아이　응… 너무 많단 말이야.

나　그래, 숙제가 많아서 부담스러웠구나. 그럼 엄마(아빠)랑 딱 10분만 하고 쉴까? 아니면 쉬고 나서 할까? 네가 정해 볼래?

해설　아이의 행동(반항) 이면에 있는 감정(부담감)을 단어로 표현해 준다. 감정을 이해받은 아이는 안정을 되찾고, 부모가 제시한 선택권(통제감)을 받아들일 여유가 생긴다.

마법의 공감 공식: 관찰·감정·인정

연습이 끝나자 선생님은 칠판에 큰 글씨로 세 개의 글자를 적었습니다.

"막상 그 상황이 닥치면 당황해서 말이 잘 안 나올 겁니다. 그럴 때 딱 이 공식만 기억하세요. '관찰·감정·인정'입니다."

(1) 관찰(Observation): "네가 ~하는 걸 보니"

(상황을 있는 그대로 묘사)

(2) 감정(Feeling): "~한 마음이 들었겠구나"

(상대의 감정을 추측하여 명명)

(3) 인정(Validation): "나라도 그랬을 거야"

(상대의 반응이 타당함을 인정)

"예를 하나 들어 볼까요? 약속 시간에 늦은 친구가 헐레벌떡 뛰어왔을 때, 화부터 내는 대신 이렇게 말해 보세요. '네가 땀을 뻘뻘 흘리며 뛰어온 걸 보니(관찰), 늦을까 봐 엄청 조마조마했겠구나(감정). 오는 길에 차가 많이 막혔지? 고생했어(인정).'"

나는 그 공식을 입안에서 조용히 굴러 보았습니다. 관찰하고, 감정을 읽고, 인정한다.

"이 세 단계가 상대의 마음에 '심리적 산소'를 공급합니다. 숨통이 트인 상대방은, 비로소 당신에게 미안함을 느끼고 더 잘하려고 노력하게 될 겁니다. 비난은 상대를 방어하게 만들지만, 공감은 상대를 변화하게 만듭니다."

노트를 덮으며 생각했습니다. 오늘 집에 가면 아내에게, 그리고 내일은 직장 동료에게 이 마법의 공식을 꼭 써먹어 보리라고. 어색하겠지만, 뻣뻣한 내 마음의 근육이 부드러워질 때까지.

4.

운명을 바꾸는 대화 도구, '나 전달법'

: 비난 없이 나를 표현하기

우리는 왜 사랑하는 사람에게 돌을 던지는가

상담실의 공기는 무거웠습니다. 창밖에는 비가 추적추적 내리고 있었고, 빗방울이 유리창을 때리는 불규칙한 소리만이 적막을 메우고 있었습니다. 나는 마른세수를 하며 깊은 한숨을 내쉬었습니다.

“선생님, 결국 또 싸웠습니다. 대화를 해 보려고 시작한 건데, 끝은 항상 비난과 고성이네요. 아내는 제가 자기를 무시한다고 하고, 저는 아내가 제 말을 귓등으로도 안 듣는다고 생각해요. 도대체 어디서부터 잘못된 걸까요?”

선생님은 말없이 따뜻한 보이차를 내 잔에 채워 주었습니다. 모락모락 피어오르는 하얀 김 사이로 선생님의 온화한 눈빛이 보였습니다. 선생님은 찻잔을 내려놓으며 나지막이 질문을 던졌습니다.

“싸움이 시작될 때, 당신이 가장 많이 사용하는 단어가 무엇인지 혹시 기억나십니까?”

나는 곰곰이 생각하다 대답했습니다.

“글쎄요… 아마도 ‘너’인 것 같습니다. ‘너는 왜 그래?’, ‘당신은 항상 이런 식이야’, ‘네가 문제야’ 같은 말들이요.” 선생님은 고개를 끄덕이며 펜을 들어 종이 위에 ‘너(YOU)’라는 글자를 크게 썼습니다.

“바로 그겁니다. 우리는 대화를 한다고 생각하지만, 사실 상대방에게 ‘돌’을 던지고 있는 경우가 많습니다. 주어가 ‘너’로 시작하는 말, 즉 ‘너 전달법(You-Message)’은 상대방의 뇌에 즉각적인 공격 신호를 보냅니다. ‘너는 게을러’, ‘너는 이기적이야’라고 말하는 순간, 상대방은 내용을 듣기도 전에 방패부터 들어 올립니다. '뭐? 그러는 너는 얼마나 잘났는데?'라는 방어기제가 작동하는 거죠. 그러니 진정한 대화는 문턱도 넘지 못하고 닫혀 버리는 겁니다."

관계의 문을 여는 열쇠: '나 전달법(I-Message)'의 비밀

"그럼 어떻게 해야 합니까? 화가 나는데 참으라는 건가요?"

나의 항변에 선생님은 빙그레 웃으며 고개를 저었습니다.

"아뇨, 참으면 병이 됩니다. 화는 내야죠. 다만, '어떻게' 내느냐가 중요합니다. 심리학자 토머스 고든 박사는 아주 획기적인 방법을 제안했습니다. 비난하지 않으면서도 내 마음을 아주 강력하게 전달하는 기술, 바로 '나 전달법(I-Message)'입니다."

선생님은 종이에 적힌 너'(YOU)'를 두 줄로 긋고, 그 옆에 '나(I)'라고 큼지막하게 썼습니다.

"핵심은 문장의 주인을 '너'에서 '나'로 바꾸는 겁니다. 상대를 심판하는 판사의 자리가 아니라, 나의 아픔을 호소하는 증인의 자리에 서는 것이죠. 이것은 단순히 말의 순서를 바꾸는 기술이 아닙니다. '당신의 행동이 나에게 어떤 영향을 미쳤고, 그래서 내 기분이 어떤지'를 솔직하게 보여 주는 용기 있는 태도입니다."

선생님은 손가락 네 개를 펴 보이며 설명을 이어 갔습니다.

"저는 이것을 '행동-영향-감정-바람 공식'이라고 부릅니다. 이 순서를 기억하세요."

(1) **행동(Fact)**: 비난을 뺀, 있는 그대로의 사실

("네가 ~할 때")

(2) **영향(Effect)**: 그 행동이 나에게 미친 현실적 영향

("나는 ~하게 되고")

(3) **감정(Feeling)**: 그래서 내가 느끼는 솔직한 감정

("나는 ~하다고 느껴")

(4) **바람(Desire)**: 내가 원하는 구체적 해결책

("~해 주면 좋겠어")

실전 연습: 일상의 전쟁터에서 평화를 만드는 법

"자, 이론은 알겠는데 막상 입 밖으로 내려면 어렵죠? 우리 한번 구체적인 상황 속으로 들어가 볼까요?"

선생님은 마치 연극배우처럼 상황을 설정하고는 나를 그 속으로 이끌었습니다. 선생님의 목소리를 따라가다 보니, 어느새 나는 전쟁터 같았던 내 일상 속에 서 있었습니다.

약속을 밥 먹듯이 어기는 친구에게

"친구가 약속 전날 시간을 바꾸고 또 약속을 깼습니다. 속에서 천불이 나죠. 보통은 이렇게 말할 겁니다. '야! 너는 왜 이렇게 책임감이 없냐? 사람 무시해?' 이건 돌을 던지는 겁니다. 자, 이걸 '나'로 바꿔 볼까요?"

> [나-메시지] "친구야, 네가 약속 전날에 갑자기 시간을 바꾸면(행동), 나는 내 스케줄을 전부 다시 조정해야 해서 참 곤란해(영향). 솔직히 내 시간이 존중받지 못하는 것 같아서 좀 서운한 마음이 들어(감정). 다음부터는 약속을 좀 더 신중하게 정해 줬으면 좋겠어(바람)."

"어떤가요? 비난은 없지만, '내가 힘들다'는 사실은 더 명확하게 전달되지 않나요?"

내 말을 자꾸 끊는 직장 동료에게

"회의 시간, 김 대리가 또 내 말을 자릅니다. '아니, 그게 아니고~' 하면서요. 욱하는 마음에 '말 좀 끊지 마요! 예의가 없네!'라고 소리치고 싶죠. 심호흡을 하고 이렇게 말해 보세요."

[나-메시지] "김 대리님, 제가 말하는 중간에 끼어드시면(행동), 제 의견의 맥락을 충분히 전달하지 못하게 됩니다(영향). 그러면 저는 제 말이 무시당하는 것 같아 당황스럽고 힘이 빠져요(감정). 제가 말을 마칠 때까지 조금만 기다려 주시면 정말 고맙겠습니다(바람)."

거실을 난장판으로 만든 아이에게

"집에 들어갔더니 아이가 장난감을 온 거실에 어질러 놨습니다. '너 방 꼴이 이게 뭐야? 커서 뭐가 되려고 그래!'라고 소리치면 아이는 반항심만 키웁니다. 엄마의 힘듦을 알려 주세요."

[나-메시지] "철수야, 장난감을 가지고 논 다음에 거실에 그대로 두면(행동), 엄마가 쉴 시간에 그걸 다 치워야 해서(영향), 엄마는 몸이 너무 힘들고 속상해(감정). 다 논 장난감은 상자에 넣어 주면 엄마가 정말 기쁠 것 같아(바람)."

연락도 없이 늦는 배우자에게

나는 이 대목에서 침을 꿀꺽 삼켰습니다. 나와 아내가 가장 많이 싸우는 주제였으니까요.

"남편이 술 마시고 늦게 들어옵니다. 아내는 현관에서부터 쏘아붙이죠. '당신은 가족 생각은 안 해? 맨날 술이야?' 화가 난 남편은 '일하다 그런 거잖아!'라고 맞받아치고, 자연히 다투게 됩니다. 자, 아내의 진짜 마음은 뭐였을까요? 걱정입니다. 그걸 표현해야죠."

[나-메시지] "여보, 당신이 연락도 없이 12시 넘어서 들어오면(행동), 나는 혹시 무슨 사고라도 난 건 아닌지 걱정돼서 잠을 설치게 돼요(영향). 그래서 많이 불안하고 피곤해(감정). 늦을 땐 미리 문자라도 하나 남겨 주면 좋겠어요(바람)."

시끄럽게 TV를 보는 가족에게

"아내와 아이들이 소파에서 TV를 보며 소리가 '우웅' 울릴 정도로 크게 틀어 놓습니다. '소리 좀 줄여! 귀 떨어지겠어!' 대신 이렇게 해 보세요."

[나-메시지] "여보, 볼륨을 그렇게 크게 틀어 놓으면(행동), 내가 지금 중요한 전화를 받아야 하는데 소리가 안 들려서(영향), 머리가 울리고 좀 괴롭네(감정). 볼륨을 10 정도로만 낮춰 줄 수 있을까?(바람)"

마감 기한을 넘기는 부하 직원에게

"직장 상사로서 화를 참기 힘든 때입니다. '자네는 일 처리가

왜 그 모양인가?'라고 인신공격을 하지요. 기한을 어기는 것
이 업무에 미치는 영향에만 집중하세요."

[나-메시지] "박 대리, 마감 기한을 넘겨서 서류를 주면(행동),
전체 팀 일정이 지연돼서(영향), 나는 몹시 다급해져(감정). 다
음부터는 기한을 꼭 지켜 주면 좋겠어(바람)."

무리한 부탁을 하는 상사에게

"반대로 상사가 내 일도 아닌 걸 떠넘길 때, 속으로만 욕하지
말고 정중하게 거절의 뜻을 밝혀야 합니다."

[나-메시지] "부장님, 제 고유 업무가 많이 밀려 있는 상황에
서 이 업무까지 추가로 요청하시니(행동), 원래 맡은 중요 프로
젝트의 퀄리티를 맞추기가 어려워질 것 같아(영향), 저는 큰 부
담감을 느껴 힘이 듭니다(감정). 업무 우선순위를 조정해 주시
거나 다른 분과 분담할 수 있을까요?(바람)"

대안 없이 반대만 하는 상사에게

"회의 때마다 내가 대안을 제시하면 '그건 아닌데'라고 초를
치는 상사. '그럼 과장님이 그 일을 하시든가 라고 싸우지 말
고 이렇게 말하세요."

베란다에서 담배 피우는 이웃에게

"층간 소음이나 담배 냄새, 예민하죠. '아저씨! 지금이 어느 시대인데 집에서 담배를 피우세요!'라고 하면 싸움 납니다. 구체적인 피해 사실을 알리세요."

돈을 갚지 않는 친구에게

"가장 껄끄러운 상황이죠. '너 내 돈 떼먹으려고 그러냐?'라고 하면 관계가 끊어집니다."

[나-메시지] "친구야, 약속한 날짜가 지났는데 아직 돈을 돌려받지 못해서(행동), 나도 이번 달 계획했던 카드 대금을 내는 데 문제가 생겼어(영향). 너를 믿고 기다리는 게 점점 불안하고 마음이 불편해(감정). 이번 주 금요일까지는 꼭 입금해 주면 좋겠어(바람)."

비난을 멈추고 진심을 전하는 기적

선생님의 긴 설명이 끝났을 때, 나는 멍하니 찻잔만 바라보고 있었습니다. 지난날 내가 아내에게, 아이에게, 동료들에게 퍼부었던 수많은 '너 전달법' 메시지가 주마등처럼 스쳐 지나갔습니다. 나는 대화를 한 것이 아니라, 내 불안과 화를 상대에게 투사하고 비난했을 뿐이었습니다.

"선생님… 저는 제가 피해자라고 생각했습니다. 내 마음을 몰라주는 사람들이 야속했죠. 그런데 알고 보니 제가 가해자였네요. 제 말 속에는 '나의 아픔'은 없고 '너의 잘못'만 있었으니까요."

나의 고백에 선생님은 부드럽게 미소 지으며 고개를 저었습니다.

"자책하지 마세요. 우리는 그저 배우지 못했을 뿐입니다. '나 전달법'은 단순히 말을 예쁘게 하는 기술이 아닙니다. 나 자신의 감정을 소중히 여기고, 동시에 상대를 적으로 만들지 않으면서 관계를 지키려는 성숙한 어른의 태도입니다."

선생님은 자리에서 일어나 창가로 다가갔습니다. 어느새 비는 그치고, 구름 사이로 맑은 달이 얼굴을 내밀고 있었습니다.

"오늘 댁에 돌아가시면, 아내분에게 딱 한 번만 시도해 보세요. '당신 왜 그래?' 대신 '나는 당신이 이럴 때 좀 힘들어'라고요. 그 어색하고 짧은 문장 하나가, 꽉 막힌 소통의 벽에 작은 균열을 내고 빛을 들여올 겁니다. 운명은 거창한 사건이 아니라, 바로 그 말투 하나에서 바뀌기 시작하니까요.

'나-메시지'는 갈등 상황에서 상대를 비난하거나 공격하지 않고도, '나'의 진심을 효과적으로 전달하는 매우 강력한 대화 도구입니다. '너 전달법'이 관계를 파괴하는 대화라면, '나 전달법'은 관계를 건설하고 발전시키는 대화입니다."

이 책을 만나게 된 당신은,
참 다행이다.

제4장

입이 아니라 귀로 마음을 움직인다

: 듣는 대화법

진심으로 듣는다는 것의 의미
: 마음을 여는 경청의 기술

"선생님, 지난번에 배운 대화법을 쓰려고 노력했는데 참 이상합니다. 제가 말을 하려고 하면 할수록 오히려 상대방 말이 안 들려요. 다음엔 무슨 말을 해야 할지 생각하느라 바빠서요."

내가 고충을 털어놓자, 선생님은 칠판에 큰 귀(耳)를 하나 그리며 말했습니다.

"당연한 현상입니다. 우리는 학교에서 말하기, 읽기, 쓰기는 배웠지만 '듣기'는 제대로 배워 본 적이 없으니까요. 대부분의 사람들은 '대답하기 위해' 듣습니다. 하지만 진짜 고수는 '이해하기 위해' 듣습니다."

"이해하기 위해 듣는다는 건 구체적으로 어떤 건가요? 멍하니 가만히 있으면 되나요?"

"아닙니다. 경청은 아주 능동적인 활동입니다. '온몸으로 듣는 것'이죠."

선생님은 '3:7의 법칙'을 강조했습니다. 대화 시간의 70%는 듣고, 30%만 말해야 한다는 것입니다. 하지만 단순히 입을 다무는 게 전부가 아니었습니다.

"상대방은 당신의 귀가 아니라 눈과 몸을 보고 '아, 내 말이 들리고 있구나'를 판단합니다. 진심으로 듣는 기술, '소프튼(SOFTEN)' 기법을 알려 드리죠."

(1) S(Smile): 미소를 머금고 편안한 표정을 짓는다.

(2) O(Open Posture): 팔짱을 끼지 않고 개방적인 자세를 취한다.

(3) F(Forward Lean): 상체를 상대방 쪽으로 약간 기울여 관심이 있음을 표현한다.

(4) T(Touch): 상황에 따라 가벼운 터치로 유대감을 준다(가족, 친구).

(5) E(Eye Contact): 부드럽게 눈을 맞춘다.

(6) N(Nod): 고개를 끄덕이며 반응한다.

"상대가 말을 할 때, 당신의 머릿속에 있는 판단(판사)을 잠시 끄세요. '저건 틀렸는데?', '내 생각은 다른데?'라는 생각이 드는 순간, 당신의 귀는 닫힙니다. 그저 '당신의 말이 당신의 입장에서는 옳다'는 마음으로 백지상태가 되어 받아들이는 것, 그것이 마음을 여는 경청의 시작입니다."

2.

숨겨진 감정과 욕구 읽어 내기

: 말 뒤의 맥락 파악하기

"그런데 선생님, 상대방이 하는 말이 앞뒤가 안 맞거나, 겉으로는 괜찮다면서 속으로는 화를 내는 경우도 있잖아요. 그럴 땐 어떻게 들어야 합니까?"

선생님은 빙그레 웃으며 교류 분석의 핵심 개념인 '빙산' 그림을 그렸습니다.

"사람의 말은 빙산의 일각입니다. 수면 위로 드러난 말(사회적 수준)보다, 수면 아래 숨겨진 의도(심리적 수준)가 훨씬 크고 중요하죠. 교류 분석에서는 이것을 '이면 교류(Ulterior Tra nsaction)’라고 합니다.”

“말 뒤에 숨은 뜻을 찾아내라는 말씀이군요.”

“맞습니다. 사람들은 거절당할까 봐, 혹은 자존심 때문에 본심을 숨기고 말합니다. 우리는 명탐정이 되어 그 ‘숨겨진 욕구’를 찾아내야 합니다. 몇 가지 예시를 볼까요?”

[상황 1] 아내가 남편에게 전화

겉으로 하는 말 “당신 오늘 회식이야? 밥 먹고 들어오는 거지?”

잘못된 해석 ‘식사 준비 여부를 묻는구나.’ → “어, 먹고 가.”

숨겨진 욕구(맥락) ‘오늘 당신이랑 같이 저녁 먹고 싶어. 일찍 들어와 주면 안 돼?’

올바른 경청 (아내의 아쉬운 표정을 읽고) “회식이 있긴 한데, 당신이 나 기다리는 것 같네. 최대한 빨리 가 볼게. 과일이라도 같이 먹자.”

[상황 2] 사춘기 자녀가 부모에게

겉으로 하는 말 “아 몰라! 내 방에 들어오지 마!”

잘못된 해석 ‘얘가 반항하네.’ → “너 태도가 그게 뭐야!”

숨겨진 욕구(맥락) ‘지금 나만의 공간과 시간이 필요해요. 혼자

감정을 추스를 때까지 기다려 주세요.'

올바른 경청 (아이의 방문을 노려보는 대신) "지금은 혼자 있고 싶구나. 마음 진정되면 그때 이야기하자."

"말꼬리를 잡지 말고 맥락(Context)을 잡으세요. 상대의 표정, 목소리 톤, 평소의 상황을 종합해서 '이 사람이 지금 진짜 원하는 게 뭐지? 위로인가? 인정인가? 휴식인가?'를 끊임없이 질문해야 합니다."

3.

상대가 진정으로 원하는 것을 주는 대화법
: 반응의 기술

"맥락을 파악했다면, 이제 그에 맞는 '반응'을 보여 줄 차례입니다. 많은 분들이 여기서 실수를 하죠. 상대는 '사과'를 원하는데 '해명'을 하거나, '공감'을 원하는데 '조언'을 줍니다."

선생님은 이것을 '맞춤형 스트로크(Stroke) 주기'라고 설명했습니다.

"상대방이 구멍 난 가슴을 보여 주면, 우리는 본능적으로 반창고(해결책)를 붙이려고 합니다. 하지만 대부분의 경우 상대가 원하는 건 반창고가 아니라, '아프겠다'라고 호 불어 주는 입김(공감적 반응)입니다."

우리는 가장 흔한 실수인 '해결사 본능'을 내려놓아야합니다.

반응의 기술: 해결책 vs 공감

상대   요즘 일이 너무 많아서 머리가 터질 것 같아.

[나쁜 반응 해결책 제시]   "그러게 내가 미리미리 하라고 했잖아. 우선순위부터 정해서 하나씩 처리해."
해석: 상대는 자신이 무능하다고 느껴져서 기분이 상함

[좋은 반응 감정 읽어 주기+질문]   "저런, 일이 몰려서 진짜 정신 없겠구나(감정). 내가 뭐 좀 도와줄 거 없을까?(지지)"
해석: 상대는 이해받았다고 느끼며 고마워함

"반응의 기술에서 핵심은 '백트래킹(Back-tracking)'입니다. 상대가 한 말의 끝부분이나 핵심 단어를 앵무새처럼 따라 해 주는 것이죠.

상대 나 어제 김 대리 때문에 진짜 열받았어.
나 아, 김 대리 때문에 열받았구나.

이렇게 따라 해 주는 것만으로도 상대는 '내 말이 온전히 접수되었구나'라는 확신을 갖게 됩니다. 그 안도감이 대화의 물꼬를 트게 하죠."

상담을 마치며 선생님은 나에게 과제를 하나 주었습니다.

"오늘 집에 가서는 입을 꿰맨 것처럼 다물고, 대신 귀와 눈을 크게 뜨세요. 그리고 가족이 무슨 말을 하든 딱 한 마디만 먼저 해 보세요. '아, 그랬구나.' 그 짧은 반응이 어떤 기적을 만드는지 직접 확인해 보십시오."

이 책을 만나게 된 당신은,
참 다행이다.

제5장

인정의 기술로 마음을 움직인다

: 자극과 동기부여

1.

인간의 기본 욕구

: "나를 좀 봐주세요"—인정과 관심의 심리학

"선생님, 참 이상합니다. 대화 기술도 배웠고 분석도 했는데, 왜 제 마음은 여전히 배터리가 방전된 것처럼 공허할까요? 사람들과 있어도 외롭습니다."

나의 힘없는 목소리에 선생님은 찻잔을 내려놓으며 말했습니다.

"그건 당신의 마음이 '영양실조' 상태이기 때문입니다. 밥을 안 먹으면 배가 고프듯, 사람의 마음도 '자극'이 없으면 굶주리게 되죠. 교류 분석에서는 이것을 자극 기아(Stimulus Hunger)'라고 합니다."

"마음도 배가 고프나요?"

"그래요. 갓 태어난 아기는 부모가 안아 주고 등을 쓸어 주지(Caress) 않으면, 아무리 우유를 잘 먹여도 시름시름 앓다가 죽을 수도 있습니다. 어른이 되면 이 신체적 접촉의 욕구가 '인정(Recognition)'의 욕구로 바뀝니다. 누군가 내 이름을 불러 주고, 눈을 맞추고, 말을 걸어 주는 것. 우리는 그것을 '스트로크(Stroke)' 혹은 '심리적 애무'라고 부릅니다."

선생님은 칠판에 큰 하트 모양을 그렸습니다.

"스트로크는 '당신이 거기에 있다는 것을 내가 압니다'라는 존재 확인 도장입니다. 아무도 나를 거들떠보지 않는 '무관심'의 상태는 인간에게 가장 큰 고통입니다. 척추가 말라비틀어지는 것 같은 고통이죠. 당신이 공허한 건, 열심히 살았지만 정작 '당신'이라는 존재에 대한 따뜻한 인정을 충분히 받지 못했기 때문일 겁니다."

2.

관계를 살리는 힘
: 긍정적 스트로크(인정) 사용법

"그럼 어떻게 해야 합니까? 남들이 저를 인정해 줄 때까지 기다려야 하나요?"

"아니요. 스트로크는 주고받는 기술입니다. 먼저 좋은 스트로크를 줄 줄 아는 사람이 많이 받기도 합니다. 스트로크에는 두 가지 종류가 있습니다. 조건적인 것과 무조건적인 것이죠."

(1) 조건적 긍정 스트로크(Doing): "이번 프로젝트 정말 잘했어!", "설거지를 해 줘서 고마워." 등 상대의 행위나 성취를 칭찬하는 것. 동기부여와 실력 향상에 좋습니다.

(2) 무조건적 긍정 스트로크(Being): "당신과 함께 있어서 참좋아.", "태어나 줘서 고마워.", "사랑해." 등 아무런 이유 없이 존재 그 자체를 인정하는 것만으로도 자존감의 뿌리를 튼튼하게 만듭니다.

"많은 부부나 부모들이 하는 실수는 '공부 잘했네', '돈 많이 벌어 왔네' 같은 조건적 인정만 주는 것입니다. 하지만 사람을 진짜 살리는 건 '당신이 1등이 아니어도, 실수를 해도 나는 당신이 소중해'라는 무조건적 인정입니다."

"생각해 보니 저는 아이에게 '숙제 다 했니?'라는 말만 했지, '우리 딸 얼굴 보니 기분 좋네.' 같은 말은 안 해 본 것 같습니다."

"지금부터라도 시작하면 됩니다. '하루 3번, 이유 없는 칭찬 건네기.' 이것이 죽어 가는 관계를 소생하는 기술입니다."

3.

관계를 병들게 하는 신호
: 부정적 스트로크와 애정결핍 다루기

"그런데 선생님, 왜 어떤 사람들은 관심을 주면 줄수록 더 삐딱하게 굴까요? 제 아들은 제가 잔소리를 해야만 말을 듣는 척합니다."

나의 물음에, 선생님은 씁쓸하게 웃으며 '가시 돋친 선인장'

그림을 그렸습니다.

"그건 '부정적 스트로크'라도 받기 위해서입니다."

"네? 욕먹는 걸 좋아한다고요?"

"인간의 본능은 무섭습니다. 투명 인간 취급을 당하며 '스트로크 기아' 상태에 빠지느니, 차라리 뺨을 맞거나 욕을 먹어서라도 '내가 여기 있다'는 걸 확인하고 싶어 합니다. 아이들이 일부러 사고를 치고, 부부가 서로에게 악담을 퍼붓는 이유가 여기 있습니다. 무관심보다는 고통이 낫기 때문이죠."

이것이 관계를 망치는 악순환이었습니다. 긍정적인 인정이 부족하면(결핍), 사람들은 부정적인 관심(비난, 처벌, 싸움)을 유도해서라도 마음의 허기를 채우려 한다는 것입니다.

"많은 사람들이 '스트로크 경제(Stroke Economy)'라는 잘못된 믿음에 빠져 있습니다. 칭찬을 하면 버릇이 나빠진다거나, 사랑은 아껴야 한다는 미신처럼요. 하지만 스트로크는 돈이 아닙니다. 쓰면 쓸수록 부족해지기는커녕 오히려 샘솟는 것이죠."

선생님은 나에게 과제를 내 주었습니다.

부정적 스트로크 차단하기: 습관적인 비난이나 비꼬기를 멈추고 침묵하세요. (부정적 반응도 반응입니다)

긍정적 스트로크 공급하기: 상대가 긍정적인 행동을 했을 때, 혹은 아무것도 하지 않고 가만히 있을 때조차 따뜻한 눈빛을 보내세요.

셀프 스트로크: 남이 안 주면 나라도 줘야 합니다. 거울을 보고 내 어깨를 토닥이며 말하세요. "오늘 하루도 정말 고생 많았어. 너는 꽤 괜찮은 사람이야."

이제 깨달았습니다. 인정과 칭찬은 남는 시간에 하는 서비스가 아니라, 우리 영혼이 숨 쉬기 위해 매일 섭취해야 하는 필수 영양소였다는 것을 말이죠. 오늘 집에 돌아가면 아내의 손을 잡고, 아이의 머리를 쓰다듬으며(Stroke) 말해 줄 것입니다. "그냥, 너희가 내 가족이라서 참 좋다."

"사람은 빵만으로 살 수 없습니다. 따뜻한 인정(Stroke)이 있어야 영혼이 숨을 쉽니다."

이 워크시트는 당신의 관계 패턴을 진단하고, 메말라 가는 관계에 '심리적 영양분'을 공급하기 위한 것입니다. 눈으로만 읽지 말고, 펜을 들어 직접 적어 보세요. 기적은 손끝에서 시작됩니다.

STEP 1. 나의 '인정' 가계부 진단하기

나는 평소에 주변 사람들에게 어떤 에너지를 주고 있나요? 지난 3일간 내가 가족, 동료, 친구에게 했던 말들을 떠올려 보고 솔직하게 체크해 보세요.

조건적 인정: "숙제 다 했니?", "이제 놀아도 돼."
□ 긍정   □ 부정

무조건적 인정: "우리 딸 얼굴 보니 좋네.", "당신이 있어 든든해."
□ 긍정   □ 부정

부정적 인정: "넌 도대체 왜 그러니?", "또 실수했어?"
□ 긍정   □ 부정

무관심: 대꾸 안 함, 눈 안 마주침, 스마트폰만 봄)
□ 긍정   □ 부정

자기 진단

나의 대화는 주로 (조건/무조건/부정/무관심)에 치우쳐 있다.

내가 상대방이라면, 나 같은 사람과 대화할 때 기분이 (좋을/나쁠/외로울) 것 같다.

STEP 2. '스트로크 메뉴판' 만들기

막상 칭찬을 하려니 입이 안 떨어지시죠? 요리를 하려면 재료가 필요하듯, 대화에도 준비된 재료가 필요합니다. 내가 사랑하는 사람들에게 해 주고 싶은 '인정의 말'을 미리 골라 적어 두세요.

오늘의 추천 메뉴(예시를 보고 빈칸을 채워 보세요)

A. [행동]을 칭찬하는 말(조건적 긍정 스트로크)

효과: 자신감 향상, 동기부여

[예시]

"오늘 설거지 깨끗하게 해 줘서 정말 고마워.", "보고서 정리가 깔끔해서 보기 좋네." 등.

B. [존재]를 칭찬하는 말(무조건적 긍정 스트로크) ★가장 중요!

효과: 자존감 회복, 깊은 신뢰 형성, 사랑받는 느낌

[예시]

"당신이랑 밥 먹으니까 꿀맛이네.", "그냥 네가 내 딸(아들)이라서 참 좋아.", 말없이 어깨를 주무르거나 따뜻하게 안아 주기 등.

STEP 3. 3 일간의 '심폐소생' 챌린지

위에서 만든 메뉴판을 활용해 실제로 '인정 폭격'을 해 봅시다. 하루에 딱 한 명, 집중적으로 공략합니다.

DAY 1.　가장 가까운 사람(배우자/자녀/부모)

대상:

미션: 눈을 맞추고 '무조건적 인정' 1회 이상 하기.

나의 말: "   "

상대의 반응: (무뚝뚝해도 괜찮습니다. 마음은 움직였습니다.)

DAY2. 사회적 관계(직장 동료/친구/직원)

대상:

미션: 구체적인 '행동'을 포착해서 칭찬하기.

나의 말: "   "

나의 기분: (칭찬은 하는 사람의 기분도 좋게 만듭니다.)

DAY3   나 자신(Self-Stroke)

대상: 거울 속의 나

미션: 남이 안 주면 내가 준다! 나를 안아 주며 말하기.

나에게 주는 말: "영희야, 그동안 남들 눈치 보느라, 열심히 사느라 정말 고생 많았어. 너는 충분히 사랑받을 자격이 있어. 나는 네가 자랑스러워."

[응급처치] 부정적 스트로크 방어술

누군가 나에게 비난(가시)을 던질 때, 그것을 덥석 받아먹지
마세요. 마음속에 '반송 필터'를 설치하세요.

상황 상대가 "너는 왜 맨날 그 모양이야?"라고 비난한다.
마음속 외침(반송) '이것은 팩트가 아니라, 저 사람의 감정 쓰레
기일 뿐이야. 나는 이 선물을 받지 않고 반송하겠어.'
대응(어른 자아) (차분하게) "그 말을 들으니 제가 무시당하는
기분이 드네요. 수정할 점만 말씀해 주세요."

선생님의 One Point Lesson

스트로크는 은행 예금과 다릅니다. 아껴 쓴다고 이자가 붙지
않아요. 오히려 쓰지 않으면 사라지는 상하기 쉬운 음식과
같습니다. 오늘 당신이 아낀 그 칭찬 한마디가, 누군가에게는
살아갈 힘이 될 수도 있었습니다. 지금 바로, 옆에 있는 사람
에게 따뜻한 눈빛을 보내세요.

이 책을 만나게 된 당신은,
참 다행이다.

제6장

각본을 알면 운명이 보인다

: 인생이라는 무대

1.
—

운명의 지도,
'인생 각본'의 비밀

"선생님, 지난 시간에 배운 '스트로크' 이야기는 정말 충격이었습니다. 제가 아내의 잔소리를 유도해서라도 관심을 받고 싶어 했다니요. 그런데 머리로는 알겠는데, 왜 저는 행복하고 편안한 길을 놔두고 자꾸 험한 길로만 가려고 할까요? 대화법도 배웠고 경청하는 법도 알겠는데, 결정적인 순간이 되면 저는 또 똑같은 실수를 반복해요. 마치 누군가 제 인생을 그렇게 살라고 정해 놓은 것처럼요."

나의 질문에 선생님은 낡은 영화 필름 한 롤을 꺼내 보였습니다.

"정확하게 보셨습니다. 교류 분석에서는 그것을 '인생 각본(Life Script)'이라고 부릅니다. 우리는 아주 어릴 때, 대략 6~7세 이전에 이미 내 인생을 어떻게 살고 어떻게 끝낼지 무의식적으로 계획을 세웁니다. 그리고 어른이 되어서는 그 각본을 증명하기 위해 무대 위에서 연기를 하고 있는 셈이죠."

"제가 제 인생을 불행하게 살기로 계획했다고요? 말도 안 돼요."

"의식적으로는 행복을 원하죠. 하지만 무의식 깊은 곳, '어린아이 자아'는 부모의 관심을 받기 위해 혹은 살아남기 위해 특정한 생존 전략을 짰습니다. 어떤 사람은 '착한 아이가 되어야 사랑받는다'라는 각본을, 어떤 사람은 '나는 결국 버림받을 거야'라는 각본을 씁니다."

선생님은 나를 뚫어지게 쳐다보며 물었습니다.

"당신이 살면서 가장 자주 느끼는 불쾌한 감정이 뭡니까? 억울함? 외로움? 아니면 화?"

"음… 저는 좀 '억울하다'는 생각을 자주 하는 것 같아요. 열심히 했는데 아무도 안 알아준다는 느낌이요."

"그게 바로 당신의 각본 신호입니다. 당신의 무의식은 '억울한 피해자' 역할을 맡아 연극을 하고 있을지도 모릅니다."

2.

당신의 드라마는 어떤 장르입니까?

: 승리자 vs 패배자

"그럼 저는 평생 비극의 주인공으로 살아야 합니까?"

나의 불안한 눈빛에 선생님은 고개를 저으며 세 가지 유형의 각본을 설명해 주었습니다.

(1) 승리자(Winner) 각본: 목표를 이루고 삶을 즐기는 사람들. 넘어져도 '그럴 수 있지' 하고 툭툭 털고 일어나며, '나는 OK, 너도 OK'라는 태도로 세상을 삽니다.

(2) 패배자(Loser) 각본: 늘 무언가 부족하다고 느끼고, 결국 실패하거나 불행해지는 결말을 향해 달려갑니다.

① '나는 안 돼' 유형: 좋은 기회가 와도 '내가 감히 어떻게…'라며 걷어찹니다.

② '너 때문이야' 유형: 일이 잘못되면 남 탓을 하며 분노 속에 살아갑니다.

(3) 평범한 사람(Non-Winner) **각본:** 크게 성공하지도 않지만, 크게 망하지도 않는, 그저 하루하루를 근근이 버티는 각본. '적당히 살자', '튀지 말자'가 인생의 모토다.

"당신의 각본은 어디에 가깝습니까? 혹시 '나는 열심히 해도 결국 안 될 거야'라거나 '사람들은 나를 이용만 해'라는 대사를 습관처럼 하고 있지는 않나요?"

곰곰이 생각해 보았습니다. 나는 늘 "내가 참아야지 뭐"라는 말을 입에 달고 살았습니다. 그것이 바로 내 패배자 각본의 대사였다는 것을 깨닫는 순간, 소름이 돋았습니다.

"문제는 '패배자 각본'을 가진 사람들이 무의식적으로 불행을 자초한다는 겁니다. 예를 들어, '나는 사랑받을 자격이 없어'라는 각본을 가진 사람은 아무리 좋은 배우자를 만나도 끊임없이 의심하고 집착해서 결국 상대를 떠나게 만듭니다. 그리고는 말하죠. '거 봐, 내 이럴 줄 알았어. 역시 나는 버림받는 운명이야.'"

머리를 한 대 맞은 것 같았습니다. 내가 겪은 수많은 인간관계의 실패가, 상대방 때문이 아니라 내가 그 결말을 향해 달려갔기 때문이라니.

"그럼 저는 평생 이렇게 살아야 합니까?"

"아니요. 다행히 이 각본은 '과거의 당신'이 쓴 겁니다. 이제

'어른이 된 당신'은 그 각본을 고쳐 쓸 힘이 있습니다. 그것이
바로 '재결단(Redecision)'입니다."

3.

각본 다시 쓰기

: '재결단'의 기적

"각본을 바꾸려면 먼저 내 각본이 무엇인지 알아차려야 합
니다."

선생님은 '각본 분석 질문' 몇 가지를 던져 주었습니다.

내 인생 각본을 찾는 질문

어릴 때 부모님이 나에게 가장 자주 했던 말은 무엇인가?
[예] "넌 형보다 못해", "남자는 울면 안 돼", "여자가 착하게
살아야지" 등.

당신이 가장 좋아하는 동화나 이야기는 무엇인가? (그 이야
기의 주인공과 결말이 당신의 각본과 닮아 있을 수 있다.)

묘비명에 뭐라고 쓰고 싶은가? 반대로, 사람들이 뭐라고 생

각할 것 같은가?

곰곰이 생각해 보았습니다. 어릴 때 나는 "형처럼 의젓해야지"라는 말을 듣고 자랐습니다. 그래서 힘들어도 내색하지 않고 혼자 끙끙 앓다가 '억울해하는' 패턴이 생긴 것입니다.

"알아차렸다면 이제 '재결단'을 내릴 시간입니다. 과거의 어린아이가 내린 결론은 틀렸습니다. 당신은 이제 무력한 어린아이가 아니니까요."

선생님은 나에게 새로운 선언문을 작성하게 했습니다.

재결단 선언문

[과거의 각본] "나는 참고 견뎌야만 인정받는다. 내 감정을 표현하면 미움받을 것이다."
[새로운 각본] "나는 내 감정을 솔직하게 표현해도 안전하다. 나는 희생하지 않아도 충분히 사랑받을 가치가 있는 사람이다."

"이 문장을 매일 아침 거울을 보고 소리 내어 읽으세요. 그리고 실제로 작은 거절부터 연습해 보세요. 억지로 참지 말고 '아니요'라고 말해 보는 겁니다. 처음엔 죄책감이 들겠지만, 그것은 각본이 깨지는 소리입니다. 그 불편함을 견디면, 당신은 비로소 자유로운 '승리자'가 될 겁니다.

당신의 드라마 결말을 '비극'에서 '해피엔딩'으로 바꾸세요. 지금까지 억울하게 당하는 역할이었다면, 이제는 당당하게 요구하고 거절하는 장면을 상상하고 실제로 연기해 보세요. 처음엔 어색하겠지만, 뇌는 상상과 현실을 구분하지 못하기 때문에 자꾸 연기하다 보면 그것이 진짜 당신의 모습이 됩니다."

상담실을 나서며 나는 하늘을 올려다보았습니다. 여전히 구름은 끼어 있었지만, 그 뒤에 태양이 있다는 것을 나는 알고 있었습니다.

'더 이상 과거의 낡은 대본대로 연기하지 않겠어. 내 인생의 감독은 바로 나니까.'

나는 펜을 꾹 눌러 잡았습니다. 내 인생의 드라마는 아직 끝나지 않았습니다. 이제부터는 비극이 아니라, 내가 원하는 해피엔딩을 써 내려갈 것입니다. 내 인생의 주인공, 나는 드디어 자신의 목소리를 찾고 행복을 향해 걸어갈 것입니다.

이 책을 만나게 된 당신은,
참 다행이다.

제7장

우리는 왜 싸우고 나서 후회할까?

: 심리 게임에서 벗어나기

1.

승자 없는 전쟁,
'심리 게임'의 함정

"선생님, 정말 미스테리입니다. 아내와 대화를 하다 보면 처음엔 분명 사소한 문제였는데, 끝에 가서는 항상 똑같은 패턴으로 끝나요. 서로 소리를 지르고, 문을 쾅 닫고, 저는 죄책감에 시달리고 아내는 우울해하죠. 이 지긋지긋한 도돌이표를 언제까지 맴돌아야 할까요?"

내 하소연을 듣던 선생님은 칠판에 낚싯바늘 하나를 그렸습니다.

"그것은 두 분이 대화를 한 것이 아닙니다. '게임(Game)'을 한 것이죠."

"게임이라뇨? 우리가 재미로 싸웠다는 말씀입니까?"

"아니요, 여기서 말하는 게임은 '이면의 동기를 가지고 진행하다가 결국 불쾌한 감정(라켓 감정)을 느끼며 끝내는 상호작용'을 말합니다. 겉으로는 합리적인 대화처럼 보이지만, 속으로는 '미끼'가 숨겨져 있죠."

선생님은 대표적인 게임 하나를 예로 들었습니다.

"네, 하지만…"(Yes, But) 게임

상대 (미끼 투척) 나 요즘 살이 너무 쪄서 고민이야.

나 (미끼를 묾: 구원자 역할) 그럼 저녁에 같이 운동할까?

상대 맞아, 좋은 생각이야. 하지만 야근 때문에 시간이 안 나.

나 그럼 식단 조절을 좀 해 보는 건 어때?

상대 맞아, 하지만 내가 스트레스를 받으면 먹는 걸로 풀어서….

나 (점점 화가 남) 그럼 도대체 어쩌겠다는 거야? 알아서 해!

상대 (침묵) 거 봐, 당신도 날 못 도와주잖아.

"보세요. 상대는 해결책을 원한 게 아닙니다. '어차피 아무도 날 못 도와줘'라는 자신의 각본을 증명하기 위해 당신에게 미끼를 던졌고, 당신은 덥석 물어 주었습니다. 결국 당신은 화가 나고, 상대는 좌절감을 느끼며 이 게임은 '성공적'으로 끝납니다.”

나는 등골이 서늘해졌습니다. 그동안 내가 ‘도와주려고’ 했던 말들이 사실은 게임의 말판 위에서 놀아난 것이었다니.

2.
___

비극의 무대

: 가해자, 희생자, 구원자

선생님은 낚싯바늘 옆에 커다란 삼각형을 그렸습니다. 세 개의 꼭짓점에는 각각 가해자, 희생자, 구원자라고 적혀 있었습니다.

“이것이 ‘드라마 삼각형’입니다. 게임에 빠진 사람들은 이 세 가지 역할 중 하나를 맡아 무대에 오릅니다. 그리고 결정적인 순간에 역할을 바꿈으로써 상대를 혼란에 빠뜨리죠.”

“역할을 바꾼다고요?”

“그렇습니다. 아까의 예시를 다시 봅시다. 처음엔 상대가 ‘도와주세요’라며 [희생자]인 척하고, 당신은 [구원자]가 되어 조언을 했습니다. 하지만 조언이 계속 거절당하자 당신은 화를 내며 [가해자]로 돌변했죠. 그러자 상대는 다시 '당신은 나한테 화만 내는군요'라며 더 비참한 [희생자]가 되어 당신을 죄인으로 만듭니다."

우리가 흔히 빠지는 역할들

희생자   나는 불쌍해. 난 아무것도 못 해. 네가 다 해 줘. (무기력 연기)

가해자   너 때문에 다 망쳤어. 넌 왜 그 모양이니? (비난과 통제)

구원자   내가 다 도와줄게. 너는 나 없이 안 돼. (우월감과 간섭)

"이 삼각형 안에서 뱅뱅 도는 한, 승자는 없습니다. 모두가 상처 입은 패자일 뿐입니다. 당신은 주로 어떤 역할을 맡고 있나요? 억울한 희생자입니까, 아니면 정의로운 척하는 가해자입니까?"

나는 할 말을 잃었습니다. 나는 밖에서는 '구원자'인 척했지만, 집에만 오면 아내에게 "너 때문에 내가 이렇게 힘들게 일한다"며 '가해자' 노릇을 하고 있었던 것입니다.

3.

게임 오버
: 미끼를 물지 않는 지혜

"그럼 이 지옥 같은 삼각형에서 어떻게 탈출해야 합니까?"

선생님은 단호하게 답했습니다.

"미끼를 물지 마십시오. 그리고 무대 밖으로 걸어 나오십시오.

첫째, 게임의 신호를 감지하세요. 대화가 겉돌거나, 왠지 모르게 답답하고 찜찜한 기분이 든다면 이미 게임이 시작된 겁니다. 상대가 '네, 하지만…'을 세 번 이상 반복한다면 즉시 멈춰야 합니다.

둘째, 교차 교류를 활용하여 패턴을 깨세요. 상대가 기대하는 반응을 해 주지 않는 겁니다. 구원자를 기대하면 구원자가 되지 말고, 가해자를 기대하면 가해자가 되지 마세요.

상대　나 살쪄서 고민이야. (네가 해결책을 내놓으면 난 다 거절할 거야)

나　(게임 중단) 저런, 살 때문에 스트레스를 많이 받고 있구나. (해결책 대신 공감만 제공)

이렇게 상대방에게 책임을 돌려주면, 상대는 더 이상 'Yes, But' 게임을 진행할 수 없습니다. 당신이 미끼를 물지 않았으니까요.

셋째, 겉으로만 잘 지내는 관계를 넘어서 있는 그대로의 나와 너가 만나는 관계로 나아가야 합니다. 게임은 사실 '친밀함'에 대한 두려움 때문에 생깁니다. 솔직하게 마음을 나누는 게 무서워서, 복잡한 게임 뒤에 숨는 것이죠. 게임을 멈춘 자리에 솔직함을 채우세요."

"솔직함이요?"

"그렇습니다. '너 때문에 화가 나'라고 비난(게임)하는 대신, '나는 지금 당신과 따뜻하게 대화하고 싶어'라고 당신의 진짜 욕구를 말하세요. 가면을 벗고 맨얼굴로 만나는 것, 그것이 게임을 끝내는 유일한 방법입니다."

상담실을 나서며 나는 다짐했습니다. 오늘 저녁, 아내가 또다시 익숙한 미끼를 던지더라도 절대 덥석 물지 않겠다고. 대신 그 낚싯줄을 끊고, 따뜻한 차 한 잔을 내밀며 드라마 삼각형 밖으로 아내를 초대하겠다고 말입니다.

이 책을 만나게 된 당신은,
참 다행이다.

제8장

스트레스 제로, 과연 가능할까?

: 감정 폭발을 막는 훈련

선생님은 따뜻한 찻잔을 내밀며 나직이 입을 열었습니다.

"그동안 참 많이도 참아오셨나 봅니다. 그 인내의 무게가 느껴지네요."

선생님의 말은 다음과 같이 이어졌습니다.

1.

관계 스트레스의 근본 원인
: 나의 미해결된 감정 다루기

"참을 인(忍) 자 셋이면 살인도 면한다"라는 속담이 있습니다. 하지만 심리학에서는 이렇게 묻습니다. "참았던 그 마음들은 다 어디로 갔을까요?"

우리는 직장 상사의 불합리한 지시, 배우자의 무심한 한마디, 꽉 막힌 도로 위에서도 끊임없이 참습니다. 그리고 어느 날, 별거 아닌 일에 불같이 화를 내며 폭발합니다. 마치 풍선이 터지듯 말이죠.

상대방은 당황해서 묻습니다. "겨우 그 정도 일로 왜 그래?" 하지만 당신은 '그 일' 때문에 화난 게 아닙니다. 지금까지 쌓아 온 수만 가지의 울분이 그 순간 터져 나온 것뿐입니다.

교류 분석에서는 이것을 '감정 스탬프(Stamp) 수집'이라고 부릅니다. 마트에서 경품을 받으려고 스탬프를 모으듯, 우리는 무의식적으로 억울함, 분노, 슬픔이라는 '부정적 감정의 쿠폰'을 차곡차곡 모읍니다. 그리고 쿠폰 북이 꽉 차는 날, 우리는 그것을 '폭발'이나 '우울', '관계의 단절'이라는 거대한 불행과 교환해 버리는 것입니다.

스트레스 제로(0)는 불가능합니다. 살아 있음 자체가 자극이기 때문입니다. 하지만 '폭발'은 막을 수 있습니다. 방법은 하나, 그날 받은 감정의 스탬프를 그날그날 찢어 버리는 것입니다. 묵혀 두지 않고 해소하는 것, 그것이 평온함의 시작입니다.

2.

일과 관계 스트레스의 근본 원인
: 미해결된 감정과 오염

왜 유독 그 부장님의 잔소리만 들으면 심장이 쿵쾅거릴까요? 왜 동료의 가벼운 농담에도 나는 무시당했다고 느끼며 밤잠을 설칠까요? 그것은 현재의 사건 위에 '과거의 그림자'가 덮여 있기 때문입니다.

1) 미해결된 감정(Racket Feeling)

어린 시절, 울고 싶을 때 "뚝 그쳐! 남자가 우는 거 아냐!"라는 말을 들었다면, 당신은 슬픔 대신 '무덤덤함'이나 '화가 나서 토라짐'을 배웠을 것입니다. 그러면 어른이 된 후에도 당신은 슬픈 상황에서 슬퍼하는 대신, 엉뚱하게 화를 내거나 냉소적으로 변합니다. 이것을 가짜 감정, 즉 '라켓 감정'이라고 합니다. 직장에서 느끼는 과도한 스트레스는 사실, 어린 시절 해결되지 못한 '인정받고 싶은 욕구'나 '거절에 대한 두려움'이 변장하고 나타난 유령들입니다.

2) 감정의 오염(Contamination)

우리의 마음을 유리창이라고 상상해 봅시다. 깨끗한 유리창 (어른 자아, A)을 통해 보면 세상은 있는 그대로 보입니다. 하지만 유리에 '부모의 편견(P)'이라는 얼룩이나, '어린아이의 공포(C)'라는 김이 서려 있다면 어떨까요? 상사의 조언이 비난으로 들리고, 동료의 침묵이 거절로 보입니다. 이것이 바로 '오염'입니다. 스트레스의 대부분은 상황 그 자체보다, 그 상황을 왜곡해서 받아들이는 내 마음의 오염된 렌즈 때문에 발생합니다.

3.

감정의 오염을 걷어 내고 '순수한 나'를 만나는 법

탁한 흙탕물이 맑아지려면 어떻게 해야 할까요? 휘젓지 않고 가만히 두면 흙은 가라앉고 맑은 물만 남습니다. 우리 마음도 마찬가지입니다. 오염을 걷어 내는 과정은 '분리'에서 시작됩니다.

STEP 1. 멈춤과 질문(Stop & Ask)

화가 치밀어 오르거나 불안이 엄습할 때, 딱 3초만 멈추세요. 그리고 스스로에게 물어보세요.

"이 감정은 지금 일어난 일 때문인가, 아니면 옛날의 기억 때문인가?"

"지금 내가 느끼는 이 불안은 팩트(Fact)인가, 나의 상상인가?"

STEP 2. 내면아이 달래기

과도한 감정이 올라온다면, 그것은 당신 안의 '놀란 아이'가 울고 있는 것입니다. 억누르지 말고 말을 걸어 주세요.

"괜찮아, 지금은 그때처럼 위험하지 않아. 넌 이제 힘없는 어린애가 아니야. 내가 널 지켜 줄게."

겁먹은 아이를 어른인 당신이 안아 주는 상상을 하는 것만으로도, 마음의 파도는 놀랍도록 잔잔해집니다.

4.

매일 실천하는 마음 수련법
: 평온한 관계를 위한 습관

스트레스 없는 삶은 없습니다. 하지만 스트레스에 휘둘리지 않는 삶은 있습니다. 매일 아침 세수를 하듯, 마음을 씻어 내는 세 가지 습관을 제안합니다.

1) 감정에 이름표 붙이기(Labeling)

퇴근길, 마음이 무겁다면 그 무게의 정체를 밝혀 주세요. "짜증 나"라는 뭉뚱그린 표현 대신, "나는 오늘 회의 때 내 의견이 무시당해서 '서운'했구나", "나는 내일 발표를 망칠까 봐 '불안'하구나"와 같이 정확한 **이름을 붙여** 주세요. 부정적인 감정은 이름이 불리는 순간, 그 위력을 잃고 흩어집니다.

2) '그럴 수도 있지'의 마법

타인의 행동이 도저히 이해되지 않을 때, 내 기준(부모 자아)으로 심판하려 들지 마세요. 그저 "저 사람은 저런 사정이 있겠지. 그럴 수도 있지."라고 읊조려 보세요. 이것은 포기가 아니라 타인의 짐을 내가 짊어지지 않겠다는 **'경계 긋기'**입니다.

타인을 놓아줄 때, 비로소 나도 자유로워집니다.

3) 나를 위한 '케렌시아(Querencia)' 찾기

투우장의 소가 싸우다 지치면 잠시 숨을 고르는 피난처를 가리켜 '케렌시아'라고 합니다. 당신에게도 **피난처**가 필요합니다. 따뜻한 차 한 잔의 시간이어도 좋고, 좋아하는 음악을 듣는 퇴근길의 버스 안이어도 좋습니다. 하루 단 10분이라도, 누구의 방해도 받지 않고 오롯이 나로 존재하는 시간을 나에게 허락해 주세요.

우리는 기계가 아니기에 감정이 있습니다. 상처받고, 흔들리고, 때로는 부서지는 것이 당연합니다. 그러니 부디, 스트레스를 받는 자신을 탓하지 마시기 바랍니다.

중요한 것은 폭풍우가 몰아칠 때, 배의 키를 놓지 않는 것입니다. 미해결된 감정이라는 닻을 올리고, 오염된 창문을 닦아 내면, 당신은 알게 될 것입니다. 폭풍우 위에는 언제나 태양이 빛나고 있었음을, 그리고 당신은 당신 생각보다 훨씬 더 단단하고 고요한 존재라는 것을 말입니다.

이 책을 만나게 된 당신은,
참 다행이다.

제9장

다른 사람 이야기를 들어 봅시다

: 현장의 지혜와 변화의 증거

1.

직장 내 소통 갈등 해결 사례
: "전쟁터가 아닌 일터로 출근합니다"

교과서에 나오는 이론은 말끔하지만, 우리가 마주하는 현실은 늘 진흙탕입니다. "이론대로 되면 누가 고생해?"라고 반문하시는 분들을 위해, 실제 직장인들이 겪었던 갈등과 그들이 교류 분석(TA)을 통해 어떻게 '지옥 같은 사무실'을 탈출했는지 생생한 현장의 목소리를 담았습니다.

다음은 실제 상담 및 코칭 사례를 바탕으로 재구성한 두 가지 이야기입니다.

1) 수직 관계의 갈등

"시키는 대로만 해!"라는 팀장 vs "입을 닫겠습니다"라는 대리

상황: 살얼음판 회의실

마케팅팀 최 팀장은 회사 내에서 '독사'로 통합니다. 완벽주의 성향이 강해 팀원들의 보고서에서 오탈자 하나만 발견해도 불호령이 떨어집니다. 입사 3년 차인 김 대리는 최 팀장 앞에만 서면 머릿속이 하얗게 변합니다.

Before: 악순환의 대화

최 팀장(비판적 부모 자아, CP)　(보고서를 책상에 던지며) 김 대리, 이걸 기획안이라고 가져왔어? 내가 지난번에 컨셉 명확히 하라고 몇 번을 말해! 도대체 생각이 있는 거야, 없는 거야?

김 대리(순응하는 아이 자아, AC)　(고개를 푹 숙이며) 죄송합니다. 다시 하겠습니다.

최 팀장　죄송하면 다야? 맨날 말로만 죄송하지. 나가 봐!

김 대리(속마음)　아, 진짜 더러워서 못 해 먹겠네. 어차피 뭘 해도 욕먹는데 대충 하고 말지.

진단: 쫓고 쫓기는 톰과 제리

전형적인 '상보 교류(Complementary Transaction)'의 함정입니다. 최 팀장은 부모처럼 혼내고(CP), 김 대리는 죄인처럼 복종(AC)합니다. 겉보기엔 대화가 이어지는 것 같지만, 실상은 김 대리의 자존감이 깎여 나가고 업무 의욕은 바닥을 칩니다. 김 대리의 침묵은 동의가 아니라 '수동적 공격'입니다.

변화의 순간: 어른(Adult)으로 일어서기

김 대리는 코칭 후 전략을 바꿨습니다. 혼날 때 '죄송한 아이'가 되기를 거부하고, '문제를 해결하려는 동료'가 되기로 한 것입니다.

After: 관계를 재설정하는 대화

최 팀장　김 대리! 기획안이 이게 뭐야! 생각이 있어, 없어? (여전히 CP로 공격)

김 대리　(심호흡을 하고 눈을 맞추며 차분하게) 팀장님, 어떤 부분이 팀장님 의도와 다르게 전달되었는지 구체적으로 말씀해 주시겠습니까? 팩트(Fact)를 알려 주시면 바로 수정하겠습니다. (어른 자아, A의 가동)

최 팀장　(당황하며) 어? 아니… 여기 타겟 분석이 너무 약하잖아.

김 대리　네, 타겟 분석 데이터를 보강하라는 말씀이시군요.
30대 여성 데이터를 추가하면 될까요?

최 팀장　…그래, 바로 그거야. 진작 그렇게 할 것이지.

현장의 지혜

김 대리가 감정을 빼고 '팩트(사실)'를 묻자, 최 팀장도 더 이
상 감정적으로 화를 낼 명분이 사라졌습니다. 상대가 부모
(CP)처럼 굴 때, 나도 아이(AC)처럼 굴면 그 관계는 불편함이
지속됩니다. 내가 어른(A)으로 반응하는 순간, 상대방도 어
쩔 수 없이 어른(A)으로 내려오게 됩니다. 이것이 관계의 판
을 바꾸는 기술입니다.

2) 수평 관계의 갈등

"내 일도 바빠 죽겠는데"라는 옆 팀 동료 vs "협조 좀 해 달
라는데 왜 저래?"라는 나

상황: 메신저 감옥

영업팀 박 과장은 개발팀 이 과장에게 자료 요청을 할 때마
다 스트레스를 받습니다. 메신저를 보내면 읽고 씹기는 기본,

전화를 하면 한숨부터 쉬기 때문입니다.

Before: 엇갈린 대화(교차 교류)

박 과장(어른 자아, A)   이 과장님, 지난번 요청한 업데이트 일정 언제쯤 나올까요? 거래처에서 자꾸 물어봐서요.

이 과장(반항하는 아이 자아, FC)   아니, 박 과장님. 우리 팀 지금 서버 터져서 난리 난 거 안 보여요? 꼭 그렇게 사람 숨통을 조여야 합니까?

박 과장(비판적 부모 자아, CP로 돌변)   뭐라고요? 아니 업무 협조 요청하는 건데 말을 왜 그렇게 하세요? 공과 사는 구분하셔야죠.

이 과장   지금 그쪽 때문에 야근하게 생겼는데 좋은 말이 나옵니까?

진단: 불난 집에 부채질

박 과장은 이성적(A)으로 물었지만, 이미 격무에 시달리던 이 과장은 이를 공격(CP)으로 오해하고 반항(FC)합니다. 기대했던 반응이 오지 않자 박 과장 역시 훈계(CP)를 시작하며 대화는 '교차 교류(Crossed Transaction)'로 꼬여 버립니다. 서로가 서로를 "이기적인 사람"이라 욕하며 감정의 골만 깊어집니다.

변화의 순간: 인정 자극(Stroke) 먼저 건네기

박 과장은 '용건'보다 '사람'을 먼저 챙기기로 했습니다. 이 과장의 힘듦을 알아주는 '인정 자극'을 먼저 던진 후 본론을 꺼내는 전략입니다.

After: 마음을 여는 대화

박 과장 (직접 찾아가 음료수를 건넴) 이 과장님, 요즘 개발팀 서버 문제 때문에 매일 야근하신다면서요? 얼굴이 반쪽이 되셨네. 진짜 고생 많으십니다. (양육적 부모 자아, NP의 위로)

이 과장 (경계심을 풀며) 아… 말도 마세요. 이번 주 내내 죽을 맛입니다.

박 과장 그러게 말입니다. 상황이 이런데 제가 또 재촉하는 것 같아 미안하네요. 그래도 거래처 방어는 해야 하니, 혹시 대략적인 일정이라도 알려 주실 수 있을까요? 제가 최대한 그쪽 맞춰서 시간 끌어 볼게요. (배려하는 어른 자아, A)

이 과장 아이고, 박 과장님이 무슨 죄가 있겠습니까. 일단 급한 대로 내일 오전까지는 초안이라도 드릴게요.

현장의 지혜

사람은 논리(Logic)로 움직이기 전에 감정(Emotion)으로 움직입니다. 꽉 닫힌 문을 여는 열쇠는 '논리적인 재촉'이 아니라

'당신의 수고를 내가 알고 있다'는 인정(Stroke)이었습니다. 3분의 공감이 3일간의 냉전을 끝냈습니다.

잠깐! 코멘트 이 사례들의 공통점은 무엇일까요? '상대방이 변하기를 기다리지 않았다'는 점입니다. 김 대리는 팀장의 성격을 고치려 하지 않았고, 박 과장은 동료의 상황을 탓하지 않았습니다. 대신 '나의 말'을 바꿨습니다.

내가 던지는 공(자극)이 달라지면, 상대가 받아치는 공(반응)도 달라질 수밖에 없습니다. 이것이 우리가 직장이라는 정글에서 살아남는, 더 나아가 직장을 평온한 일터로 바꾸는 가장 확실한 생존 법칙입니다.

2.

부부 관계 회복을 이끈 대화법 실천 사례
: "적과의 동침에서, 평생의 내 편으로"

직장 동료는 퇴근하면 안 볼 수 있지만, 배우자는 매일 집에서 마주해야 하는 존재입니다. 그래서 부부 갈등은 우리의 영혼을 가장 깊이 갉아먹기도, 반대로 가장 크게 치유하기도 합니다. 이론이 실제 침실과 거실에서 어떻게 기적을 만들어 냈는지, 두 커플의 이야기를 통해 들려드립니다.

세상에서 가장 가까운 사이지만, 돌아서면 가장 먼 남이 되는 관계. 바로 부부입니다. "우린 성격 차이로 안 맞아"라며 이혼 법정 문턱까지 갔던 부부들이 교류 분석(TA)이라는 '마음의 통역기'를 장착한 뒤 어떻게 달라졌는지 확인해 보십시오.

1) 대화 단절 위기 부부

"입만 열면 잔소리"라는 남편 vs "벽 보고 이야기하는 것 같아"라는 아내

상황: 숨 막히는 저녁 식사

결혼 10년 차, 남편 민수 씨는 퇴근 후 집에 오면 입을 꾹 닫고 TV만 봅니다. 아내 영희 씨는 그런 남편의 뒤통수를 보며 속이 터집니다. 대화를 시도해 보지만 결국 비난으로 끝납니다.

Before: 비극의 시소게임

아내(비판적 부모, CP)　당신은 집에 오면 손 하나 까딱 안 하지? 내가 식모야? 쓰레기 좀 버리라는데 그렇게 어려워?

남편(순응적 아이, AC → 반항하는 아이, FC)　(한숨을 푹 쉬며) 아, 좀 쉬자 쉬어! 밖에서 죽도록 일하고 온 사람한테 집에 오자마자 바가지야?

아내　누군 집에서 놀았어? 대화가 안 된다, 대화가 안 돼.

남편　(방문을 쾅 닫고 들어가며) 그래, 나도 너랑 말하기 싫어.

진단: 사랑을 구하는 잘못된 방식

아내의 "쓰레기 버려"는 사실 쓰레기 이야기가 아닙니다. "나 혼자 집안일 하느라 힘들어. 나 좀 도와주고 사랑해 줘"라는 '인정 자극(Stroke)'에 대한 갈구입니다. 하지만 그 표현 방식이 '비난'이었기에, 남편은 이를 공격으로 받아들이고 동굴(방)로 숨어 버린 것입니다. 아내는 외로워서 화를 내고, 남편은 비난이 싫어서 피하는 악순환입니다.

변화의 순간: 번역기를 돌려라

상담을 통해 아내는 자신의 비난 속에 '외로움'이 있음을 인정했고, 남편은 자신의 침묵이 아내에게 '무시'로 느껴졌음을 깨달았습니다. 두 사람은 '이면 교류'를 멈추고 속마음을 직구로 던지기로 했습니다.

After: 진심이 닿는 대화

아내(솔직한 아이 자아+어른 자아) (남편 옆에 앉으며) 여보, 당신 오자마자 잔소리해서 미안해. 사실은 나 오늘 하루 종일 말할 사람이 없어서 좀 외로웠나 봐. 당신 오기만 기다렸거든.

남편(양육적 부모 자아, NP) (TV를 끄고 아내를 보며) 그랬어? 내가 너무 무심했네. 회사 일이 많아서 좀 예민했어. 미안해.

아내 피곤할 텐데 10분만 나랑 차 한잔 하고 쉬면 안 될까? 쓰레기는 내일 아침에 같이 버리자.

남편 그래, 차 한잔 하자. 오늘 무슨 일 있었는데?

현장의 지혜

잔소리는 '사랑의 서툰 변장'입니다. 아내가 "나를 사랑해 줘"라는 말을 "너는 왜 그 모양이야"라고 잘못 번역해서 송출하고 있었던 거죠. 남편 역시 방어벽을 내리고 그 속에 숨은 외로움을 읽어 주자(경청), 얼어붙었던 관계의 갈등이 눈 녹듯 사라졌습니다.

2) 성격 차이 갈등 부부

"해결책을 달라고!" 논리적인 남편 vs "그냥 내 편 들어 줘" 감성적인 아내

상황: 눈물의 하소연

아내 지은 씨가 직장 상사 때문에 속상해서 울먹이며 이야기를 꺼냅니다. 남편 성훈 씨는 아내가 안쓰럽지만, 듣다 보니 아내의 대처가 답답해 보입니다.

Before: 엇갈린 주파수(교차 교류)

아내(자유로운 아이, FC) 김 부장이 오늘 나한테 사람들 다 보는 앞에서 망신을 줬어. 진짜 너무해… 흑흑.

남편(어른 자아, A) 울지만 말고 상황을 설명해 봐. 당신이 실수를 한 거야? 아니면 그 사람이 다혈질인 거야?

아내 그게 뭐가 중요해! 내가 창피했다는 게 중요하지!

남편(비판적 부모, CP) 아니, 원인을 알아야 해결을 할 거 아냐. 그렇게 감정적으로 구니까 얕잡아 보이지.

아내 와… 당신은 진짜 남보다 못 해. 됐어, 저리 가!

진단: 판사와 변호사의 싸움

남편은 '해결사' 역할을 자처하며 논리로 접근했습니다. 하지만 지금 아내가 필요한 건 판결을 내려 줄 판사가 아니라, 무조건 내 편을 들어 줄 변호사입니다. 아내는 '공감'이라는 그릇을 내밀었는데, 남편은 거기에 '조언'이라는 돌멩이를 채워 넣은 격입니다.

변화의 순간: 공감 먼저, 해결은 나중에

남편은 배웠습니다. "여성의 뇌는 감정이 진정되지 않으면 논리 회로가 작동하지 않는다"는 것을요. 그는 해결책을 제시하고 싶은 욕구를 꾹 참고, '앵무새 화법(Backtracking)'을 썼습니다.

After: 치유가 일어나는 대화

아내　김 부장이 나한테 망신 줬어…. 진짜 회사 가기 싫어.

남편(양육적 부모, NP+스킨십)　(아내를 안아 주며) 저런, 사람들 앞에서 망신을 당해서 진짜 속상했겠다. 나라도 화났을 거야. (감정 읽어 주기)

아내　(더 서럽게 울며) 그렇지? 내가 진짜 얼마나 열심히 준비했는데….

남편　알지, 당신 며칠 밤샌 거 내가 봤잖아. 김 부장이 잘못했네. 속상한 거 다 털어놔 봐. 들어 줄게.

아내　(한참 하소연 후 진정됨) 휴… 들어 줘서 고마워. 그래도 내일 가서 다시 잘해 봐야지 뭐.

남편　그래, 당신은 잘할 수 있어. 혹시 내가 도와줄 거 있으면 말해.

현장의 지혜

놀랍게도 남편이 해결책을 주지 않았는데, 아내는 스스로 "다시 해 봐야지"라고 해결책을 찾았습니다. 가장 강력한 해결책은 **'충분한 위로'**입니다. 배우자가 힘들다고 할 때, 당신이 해야 할 일은 정답을 맞히는 것이 아니라, 그저 그 젖은 마음을 함께 닦아 주는 것입니다.

잠깐! 코멘트 부부 싸움은 '칼로 물 베기'라고 하죠? 하지만 잘못된 대화로 싸우면 칼로 물을 베는 게 아니라, '서로의 가슴을 베게' 됩니다.

위 사례의 주인공들이 특별한 사람들이 아닙니다. 그저 "내가 옳다"는 생각을 잠시 내려놓고, "상대는 무엇을 원할까?"를 한 번 더 생각했을 뿐입니다. 오늘 밤, 당신의 배우자에게 어떤 자아 상태로 말을 거시겠습니까? 비난하는 부모입니까, 아니면 따뜻하게 안아 주는 연인입니까? 선택은 바로 당신의 몫입니다.

이 책을 만나게 된 당신은,
참 다행이다.

제10장

이제는 실천해 봅시다

: 대화 습관을 바꾸는 30일 실천

1.

30일 완성!
내 운명을 바꾸는 대화법 챌린지

"습관은 밧줄과 같다. 매일 한 가닥씩 엮다 보면 결국 끊을
수 없을 만큼 강해진다."

이 워크시트는 단순히 읽는 것이 아니라, 당신의 언어 회로
를 재설계하는 30일간의 여정입니다. 하루에 딱 하나, 오늘
의 미션을 수행하고 기록해 보세요.

[기본 도구] 매일 작성하는 '대화 일지'

30일 동안 매일 저녁, 아래 양식에 따라 그날 가장 기억에 남
는 대화 한 장면을 기록하세요.

오늘의 대화 기록장

상황 누구와, 어디서, 무슨 일로?

나의 말(Action) 내가 뱉은 말은?

당시 나의 자아 상태 비판적 부모CP / 양육적 부모NP / 어른 A / 자유로운 어린아이FC / 순응하는 어린아이AC

대화를 망친 규칙 해당 시 체크: □단정 짓기 □비난하기 □회피하기

수정된 대화(Rewrite) 시간을 되돌린다면 어떻게 말할까?

WEEK 1   관찰하기: 나의 '대화 패턴' 기록하기 (DAY 1~7)

목표: 고치려 하지 말고, 있는 그대로의 나를 관찰합니다. 내가 어떤 자아 상태를 주로 쓰는지 파악하는 주간입니다.

DAY 1(가족 관찰) 오늘 가족에게 한 말 중 가장 많이 쓴 단어 3가지는? (예: 빨리, 하지 마, 고마워)

DAY 2(직장 관찰) 업무 중 내가 감정적으로 동요했던 순간은 언제인가? 그때 나의 말투는?

DAY 3(비언어 관찰) 대화할 때 나의 표정과 제스처는 어땠나? (예: 팔짱 끼기, 눈 피하기, 한숨 등)

DAY 4(듣기 습관) 상대가 말할 때 끝까지 들었는가, 아니면 중간에 말을 잘랐는가?

DAY 5(스트레스 반응) 뜻대로 안 될 때 튀어나오는 첫마디는? (예: 짜증, 자책, 남 탓)

DAY 6(긍정 탐색) 이번 주에 했던 말 중 가장 마음이 편안했던 대화는 무엇이었나?

DAY 7(주간 결산) 일주일 기록을 보니, 나는 주로 어떤 자아 상태(CP/NP/A/FC/AC)에 머물러 있는가?

[나의 주 자아 상태:]

WEEK2 진단하기: 결정적 순간 '대화를 망치는 3가지 규칙' 잡기(DAY 8~14)

목표: 무의식중에 튀어나오는 나쁜 버릇(오염된 대화)을 포착하고 '멈춤' 신호를 보냅니다.

대화를 망치는 3가지 규칙

(1) 일반화의 오류/비난: "넌 항상 그래."

(2) 회피/단절: "됐어, 말을 말자."

(3) 경청 거부/할인: "그게 아니고, 내 말이 맞지."

DAY 8(비난 포착) "너는 항상/맨날/도대체"라는 말을 쓰지는 않았는가?

DAY 9(회피 포착)　불리한 상황에서 입을 다물거나 자리를 피하고 싶지 않았는가?

DAY 10(자기변명 포착)　"어쩔 수 없었어"라며 핑계를 대거나 합리화하지 않았는가?

DAY 11('Yes, but' 게임 포착)　겉으로 "맞아"라고 했지만 속으로는 "하지만…"이라고 반박하지 않았는가?

DAY 12(독심술 금지)　상대의 마음을 내 멋대로 짐작해서 기분 나빠하지 않았는가? (팩트 체크하기)

DAY 13(과거 소환 금지)　싸우고 있는 지금에 대해서만이 아니라 옛날 일까지 끌어와서 말하지 않았는가?

DAY 14(STOP 연습) 감정이 격해지는 순간, 마음속으로 "STOP!"을 외치고 3초간 침묵했는가?

[나의 주 자아 상태:]

WEEK3 전환하기: 일상에서 실천하는 '자아 상태 전환'(DAY 15~21)

목표: 상황에 맞지 않는 자아 상태를 유연하게 갈아타는(기어 변속) 연습을 합니다.

DAY 15(CP → NP) 지적하고 싶은 순간(비판적 부모), 꾹 참고 칭찬이나 격려(양육적 부모)로 바꿔 말해 보기.
(미션: 지적 대신 "그럴 수도 있지"라고 말하기)

DAY 16(AC → A) 눈치 보고 거절 못 하는 순간(순응하는 아이), 차분하게 사실만 말하기(어른).
(미션: 죄송하다는 말 없이 담백하게 내 의견 말하기)

DAY 17(A → FC) 너무 딱딱하게 굴었던 순간(이성적 어른), 농담이나 유머(자유로운 아이) 던져 보기.
(미션: 하루 한 번 소리 내어 크게 웃거나 상대 웃기기)

DAY 18(분노 다스리기) 화가 날 때 감정을 폭발시키는 대신, 감정의 이름(서운함, 당황함)을 말로 설명하기.

DAY 19(부탁하기) "알아서 해 주겠지" 기대하지 말고, 명확한 언어로 원하는 것을 부탁하기. (성인 자아 A 사용)

DAY 20(사과하기) 변명(Child)이나 방어(Parent) 없이, 깨끗하게 내 잘못만 인정하고 사과하기.

DAY 21(전환 성공 경험) 이번 주에 내가 의도적으로 태도를 바꿔서 분위기가 좋아진 경험 기록하기.

[나의 주 자아 상태:]

WEEK4　체화하기: 새로운 대화법이 내 것이 되는 시간(DAY 22~30)

목표: 이제 의식하지 않아도 자연스럽게 '어른 자아(A)'가 컨트롤 타워 역할을 하도록 굳힙니다.

DAY 22(나 전달법, I-Message)　"너 때문에 화나" 대신 "네가 ~하니 내가 속상하네."와 같은 표현으로, 구체적 상황을 만들어 3번 이상 말하기.

DAY 23(스트로크 선물)　오늘 만나는 모든 사람에게 긍정적 인정(인사, 칭찬, 미소) 건네기.

DAY 24(경청의 기술)　상대방의 말을 내가 요약해서 다시 말해 주기. ("그러니까 네 말은 ~라는 거지?")

DAY 25(침묵 즐기기)　대화 중 생기는 정적을 불안해하지 않고, 여유롭게 기다려 주기.

DAY 26(감정 분리)　타인의 나쁜 감정(짜증)을 내 것으로 가져오지 않고 반사해 내기. ("저건 저 사람 문제야.")

DAY 27(미래형 대화)　"왜 그랬어?"(과거 추궁) 대신 "앞으로 어떻게 할까?"(미래 해결)로 질문하기.

DAY 28(셀프 토크 점검)　나 자신에게 하는 혼잣말이 긍정적인지 점검하기. ("잘했어", "괜찮아.")

DAY 29(변화 확인)　DAY 1의 기록과 비교해 보기. 나의 대화 패턴이 어떻게 달라졌는가?

 30일간 수고한 나에게, 그리고 앞으로 변화된 대화법으로 살아갈 나에게 격려의 편지 쓰기.

[나의 주 자아 상태:]

30일 챌린지 성공 팁

1. **완벽하지 않아도 됩니다.** 30일 중 며칠 빼먹어도 괜찮습니다. 포기하지 않고 끝까지 가는 것이 중요합니다.
2. **파트너와 함께 하세요.** 배우자나 친한 친구와 함께 서로의 '감시자'이자 '응원군'이 되어 주세요.
3. **작은 성공을 축하하세요.** 욱하는 성질을 한 번이라도 참았다면, 그날은 **대성공**입니다. 자신에게 보상해 주세요.

2.
가정 내 건설적인
피드백 대화 사례

잦은 정리정돈 문제(배우자/자녀)

상황 배우자가 퇴근 후 외투와 가방을 소파에 던져 놓는 일이 반복될 때.

역할 비 건설적 피드백(CP → AC), 건설적 피드백(I-Message 4단계)

비 건설적 피드백 "당신은 도대체 집에 오면 정리를 안 하지? 내가 당신 하인이야?"

건설적 피드백(나-메시지) "당신이 퇴근 후 외투와 가방을 소파에 둘 때(행동), 집 전체가 정리되지 않은 느낌이 들어서(영향) 나는 매우 답답하고 스트레스를 받아(감정). 옷을 현관에 있는 코트걸이에 걸어 주면 좋겠어(바람)."

배우자와의 육아 방식에 대한 이견

상황 배우자가 아이에게 너무 엄격하게 대한다고 느낄 때.

역할 비 건설적 피드백(CP → AC), 건설적 피드백(A↔A)

비 건설적 피드백 "당신이 그런 식으로 아이를 대하면 아이가 상처 받아! 좀 부드럽게 대해."

건설적 피드백 "당신이 아이에게 엄격하게 대하는 건 아이가 올바르게 자라길 바라서일 텐데(경청), 아이가 당신에게 주눅 드는 모습이 보일 때(감정 반영) 나는 가슴이 아파(감정). 우리, 아이 훈육 시 '소리 지르지 않기'라는 공동 규칙을 정해서 함께 지켜보면 어떨까?(대안)"

자녀의 과도한 게임 시간

상황　자녀가 밤늦게까지 게임을 하느라 수면이 부족할 때.

역할　비 건설적 피드백(CP → AC), 건설적 피드백(NP & A → A)

비 건설적 피드백 "너 당장 게임 꺼! 너는 숙제는 안 하고 게임만 하니?"

건설적 피드백 "네가 11시 이후까지 게임을 하면(행동), 다음 날 아침에 힘들어하는 네 모습을 보면서(영향) 엄마는 매우 걱정돼(감정). 네 스스로 생각하기에 적절한 수면 시간과 게임 시간을 정해서 함께 규칙을 정해 보자(합의)."

배우자의 감정적인 말투에 대한 피드백

상황　배우자가 짜증이 섞인 말투로 나에게 말할 때.

역할　비 건설적 피드백(AC → P), 건설적 피드백(A↔A 경계

설정)

비 건설적 피드백 "당신은 나한테 말할 때 왜 그렇게 짜증 섞인 말투야? 내가 뭘 그렇게 잘못했어?"

건설적 피드백 "당신이 감정적인 톤으로 이야기할 때(행동), 나는 당신이 나를 비난하는 것처럼 느껴져서(영향) 내 마음이 위축돼(감정). 다시 한 번만 차분한 톤으로 이야기해 줄 수 있을까?(요청)"

부모의 지나친 간섭(성인 자녀 → 부모)

상황 독립한 자녀의 생활에 부모가 지속적으로 간섭할 때.

역할 비 건설적 피드백(AC → CP), 건설적 피드백(A↔A 존중과 경계)

비 건설적 피드백 "엄마, 내 인생에 신경 끄세요. 제가 알아서 해요."

건설적 피드백 "엄마가 저를 걱정(NP 인정)해 주시는 마음은 정말 감사해요(경청). 하지만 제 생활 방식에 대해 지나치게 자주 조언하실 때(행동), 저는 독립된 성인으로 존중받지 못하는 것 같아(영향) 속상해요(감정). 저희 부부 문제에 대해서는 저희가 상의할게요(대안)."

가족 구성원의 피드백 수용(수동적 경청 → 적극적 경청)

상황 배우자로부터 불편한 피드백을 받았을 때.

역할 비 건설적 피드백(AC), 건설적 피드백(적극적 경청)

상대방 "당신이 집안일을 안 도와서 내가 너무 힘들어."

비 건설적 피드백 "당신만 힘들어? 나도 회사에서 시달리고 집에서까지 시달리니 정말 힘들다."

건설적 피드백 "내가 집안일을 돕지 않아서(행동) 당신 혼자 아이 돌보고 살림하느라 힘들겠다(영향). 내가 주말에는 설거지하고 청소도 할게(대안). 미안해(감정)."

배우자의 잦은 지각(약속 시간)

상황 가족 행사에 배우자가 습관적으로 늦을 때.

역할 비 건설적 피드백(CP → AC), 건설적 피드백(시간의 영향 강조)

비 건설적 피드백 "당신은 매번 늦어서 우리 가족의 시간을 귀하게 여기지 않는 것 같아."

건설적 피드백 "우리가 함께 정한 시간보다 15분 늦게 오면(행동), 다른 가족들에게 죄송하고 우리를 기다리는 사람들에게 폐를 끼치는 것 같아(영향) 매우 불안하고 민망해(감정). 늦을 것 같으면 미리 10분 전에 연락해 주면 좋겠어요(요청)."

재정 지출에 대한 의견 차이

상황 배우자가 상의 없이 큰 지출을 결정했을 때.

역할 비 건설적 피드백(P→C), 건설적 피드백(A↔A 정보 공유)

비 건설적 피드백 "당신 마음대로 그렇게 큰돈을 써도 되는 거야? 무책임하게!"

건설적 피드백 "당신이 나와 상의 없이 고가품 구매를 결정했을 때(행동), 우리 가정 재정에 대한 통제권(영향)이 무너진 것 같아 매우 당황스럽고 걱정돼(감정). 앞으로 50만 원 이상의 지출은 사전에 함께 의논해 줘요(요청)."

자녀의 학습 태도 문제

상황 숙제를 미루고 학용품 관리가 되지 않는 중학생 자녀.

역할 비건설적 피드백(CP → AC), 건설적 피드백(A → A 책임 부여)

비 건설적 피드백 "네 방은 왜 이렇게 엉망이야? 너 공부할 의지가 있는 거니?"

건설적 피드백 "네가 책상 정리를 하지 않아(행동) 필요한 학용품을 찾지 못해 시간을 낭비하는 것(영향)을 보면 엄마는 속상해(감정). 학업의 주체는 너야. 네가 스스로 정한 시간에 방을 정리하고, 엄마에게 정리했다고 말해 주겠니?(대안)"

긍정적인 변화에 대한 피드백(강화)

상황　배우자가 평소와 달리 외투를 제자리에 걸었을 때(긍정적 행동 강화)

역할　비 건설적 피드백(P), 건설적 피드백(나 전달법을 통한 긍정적 강화)

비 건설적 피드백　"오늘은 웬일로 외투를 제자리에 걸었네? 계속 이렇게 해."

건설적 피드백　"당신이 퇴근하자마자 외투를 제자리에 걸어두었을 때(행동), 나는 집이 훨씬 깔끔해 보여서(영향) 매우 편안하고 기분이 좋아(감정). 당신이 우리 가족의 롤 모델 이란 걸 알아줘(요청)."

외도 문제에 대한 건설적 피드백 대화 사례

외도 상황에서 '건설적 피드백'이란 상대방의 행동에 대한 나의 고통을 정확히 전달하고, 관계의 미래를 결정하는 대안을 제시하는 것입니다. 이 경우, 감정의 순수성 대신 성인 자아(A)의 논리와 '나-메시지'가 절대적으로 중요합니다.

(1) 남편의 외도: 관계 재정의를 위한 통보

상황　남편의 외도 사실을 알게 되었고, 감정적 폭발 대신 앞으로의 관계 방향을 결정하기 위해 대화할 때.

역할　대화 전략(성인 자아/나-메시지), 대화문(회복 또는 단절을 위한 선언)

나(아내)　행동-영향-감정 명확화 및 최종 결정 요청

"당신이 외도라는 선택을 했을 때(행동), 나는 우리의 결혼 생활 전체가 무너지는 것을 느꼈고(영향), 배신감과 함께 극도의 절망감을 느껴요(감정). 나는 지금 당장 이혼 또는 관계 회복 노력 중 하나를 결정해야해. 당신은 앞으로의 관계에 대해 어떤 책임을 질 것인지 명확한 입장을 말해 주세요(성인 자아)."

(2) 아내의 외도: 신뢰 회복을 위한 조건 제시

상황　아내가 외도를 인정했으며, 관계를 회복할 의지가 서로 남아 있을 때.

역할　대화 전략(경청 → A → 바람), 대화문(구체적인 신뢰 회복 계획 요청)

나(남편)　경청 후, 조건부 관계 유지를 위한 '바람' 요청.

"당신의 이야기를 들으니(경청) 당신도 힘들었음을 알겠어요. 하지만 당신의 외도로 인해(행동) 신뢰가 깨졌어요(영향). 지금은 당신을 믿을 수가 없어요(감정). 관계 회복을 원한다면 (바람), 외도 상대와 완벽하게 단절했음을 증명하는 것, 부부 심리 상담을 6개월 동안 의무적으로 참석하는 것, 모든 재정 상황을 투명하게 공개하는 것 중 당신이 당장 실천 가능한 것은 무엇인가요?"

(3) 미성년 자녀를 둔 부모의 외도: 자녀 보호 명시

상황 미성년 자녀가 있는 상황에서 외도 문제가 발생했으며, 자녀에게 미칠 영향을 최소화해야 할 때.
역할 대화 전략(성인 자아의 최우선 가치 선언), 대화문(자녀를 위한 공동 책임 강조)
나(배우자) 감정은 뒤로하고, '자녀'라는 공통 목표를 위한 'A' 대화

"당신이 나에게 준 고통은 차치하고(감정), 지금 우리에게 최우선은 자녀의 심리적 안정입니다(A 자아). 나는 당신의 외도가 자녀에게 알려져(행동) 트라우마가 되는 것을 막고 싶어요(영향). 당분간 자녀 앞에서는 절대 갈등을 드러내지 않고,

공동 부모 역할만 충실히 이행하며 향후 양육 계획(A)을 차분히 논의합시다(바람).”

핵심: 외도 문제에 대한 건설적인 대화는 감정 폭발(어린이 자아, C) 대신 ‘사실 기반의 피해 보고(A)’와 ‘미래를 위한 조건부 요청(A)’으로 진행되어야만 관계의 파괴가 아닌 재정의(회복 혹은 단절)로 이어질 수 있습니다.

3.

너(You)-메시지
→ 나(I)-메시지 변환 사례

부모자녀 간 소통 문제

엄마는 항상 나만 혼내!”라는 말에 대해

[너-메시지]　“그건 네가 잘못했으니까 그렇지!”
[나-메시지]　“그렇게 느꼈구나. 엄마가 너만 혼낸다고 느껴서 속상했겠다.”

부부 간 대화 문제

당신은 늘 내 말은 안 들어."라는 말에 대해

[너-메시지] "아니야, 들었잖아!"

[나-메시지] "내가 당신 말을 제대로 안 듣는다고 느껴졌다면 미안해. 앞으로는 귀 기울여 잘 들을게."

카톡 무응답

자기는 가끔 카톡을 씹더라."라는 말에 대해

[너-메시지] "너 왜 카톡 씹어?"

[나-메시지] "나는 답이 늦으면 기분이 안 좋아. 1시간에 한 번이라도 메시지 확인 부탁해."

잦은 지각

데이트 약속시간에 가끔 늦더라!"라는 말에 대해

[너-메시지] "맨날 지각이야!"

[나-메시지] "언제 올지 모른 채로 기다리면 기분이 좀 그래. 다음엔 늦어질 때 미리 알려 주면 고맙겠어."

더치페이 불균형

"식사비는 왜 나만 내!"라는 말에 대해

[너-메시지] "너는 맨날 내가 돈 낸 거 기억도 안 하지?"
[나-메시지] "식사비 문제로 우리 사이가 나빠질까 봐 걱정
돼. 오늘부터 N분의 1로 나누기로 정하면 좋겠어."

데이트 계획 정하기

데이트 할 때마다 무엇을 할지 계획이 없어!"라는 말에 대해

[너-메시지] "넌 왜 데이트에 관심이 없어?"
[나-메시지] "당신이 계획을 짜면 내게 신경을 쓰는 것처럼
느껴져서 기분이 좋을 것 같아.

소셜 미디어 공개

SNS에 사진을 올리면 어떻해!"라는 말에 대해

[너-메시지] "허락도 없이 우리 사진 왜 올려?"
[나-메시지] "올리기 전에 내 동의를 먼저 구해 주면 좋겠어."

게임/유튜브 과 몰입

당신은 퇴근해서 게임과 유튜브에 빠져 살아요"라는 말에 대해

[너-메시지]　"맨날 게임이나 유튜브 만 해?"

[나-메시지]　"대화 시간이 줄어서 아쉬워. 오늘은 9시부터 30분만 같이 얘기할까?"

장거리 연애 소통

멀리 있다고 마음까지 멀어지면 곤란하다고 생각하는 연인에 대해

[너-메시지]　"넌 멀리 있다고 성의가 없어."

[나-메시지]　"거리가 멀어 외로워. 매주 수요일마다 30분 정도 영상통화하자.

룸메이트 간 청소 문제

청소는 왜 나만해야 하는 거야!"라는 말에 대해

[너-메시지]　"넌 청소를 할 줄 몰라?"

[나-메시지]　"나는 주방이 지저분하면 스트레스를 받아. 분담표 대로 수요일과 토요일에 청소를 해 주면 좋겠어."

소음/이어폰 미사용

시끄러워서 못 살겠네!"라는 말에 대해

[너-메시지]　"시끄럽게 살 거면 나가!"
[나-메시지]　"나는 시끄러우면 집중이 안 돼. 밤 10시 이후엔 이어폰을 사용해 주면 좋겠어."

과제/팀플 무임승차

왜 나 혼자서 과제를 해야 되는 거야!"라는 말에 대해

[너-메시지]　"넌 팀플에 기여를 안 하잖아!"
[나-메시지]　"나는 역할이 불명확한 것이 답답해. 내일까지 네가 자료를 수집해 주면, 발표 슬라이드는 내가 맡는 식으로 나누면 어떨까?"

경계 침해

시도 때도 없이 전화를 해서 이것저것 묻는 남친 에 대해

[너-메시지]　"왜 내 일에 간섭해?"
[나-메시지]　"나는 개인 시간이 필요해. 오전엔 연락을 자제해 주면 집중이 잘될 것 같아."

금전 대여

돈을 빌려가고 안 갚는 친구에 대해

> [너-메시지] "돈 빌려 가고 왜 말이 없어?"
>
> [나-메시지] "나도 예산이 빠듯하네. 빌린 금액을 이번 주 금요일까지 보내주면 좋겠어."

공부/자격증 압박

계획은 거창하게 세워놓고 놀고 있는 자녀에 대해

> [너-메시지] "넌 노력 자체를 안 해."
>
> [나-메시지] "압박을 받으면 하기 싫어질 수 있다는 건 인정해. 목표를 '주 3회 1시간'처럼 현실적으로 잡고 함께 체크하면 어떨까?"

미안함 표현 회피

미안해!"라는 말을 하지 않는 상황에 대해

> [너-메시지] "넌 사과도 못 하니?"
>
> [나-메시지] "사실관계를 먼저 확인하고 짧게 '미안해' 한마디 해 주면 좋겠어."

선물 기대 불일치

내가 원하는 선물을 받지 못한 것에 대해

[너-메시지] "이 정도 선물은 성의가 없지."
[나-메시지] "형식보다 마음이 중요하지. 사전에 나랑 상의하고 '경험 선물(전시·하이킹)'을 함께 고민하고 싶어."

지출·가계부

카드를 과도하게 써!"라는 말에 대해

[너-메시지] "당신은 돈 관리를 너무 못 해!"
[나-메시지] "이번 달 카드 결제가 부담돼. 생활비의 상한선을 정하고 주말에 정산하면 좋겠어."

시댁·처가 방문 빈도

처가댁만 자주 방문하는 상황에 대해

[너-메시지] "왜 당신 집만 자주 가?"
[나-메시지] "한쪽만 자주 가면 다른 한쪽에 미안해져. 격월 번갈아 방문하고, 명절에는 오전과 오후로 나누어서 가면 어떨까?"

취미·개인 시간

남편이 게임과 주말엔 운동만하는 것에 대해

[너-메시지]　“맨날 게임/운동만 하냐고!”

[나-메시지]　“함께 보내는 시간도 필요해. 개인 시간도 중요하지만, 일주일에 한 번은 데이트를 하면 좋겠어.”

수면 습관

코골이 하는 남편 때문에 잠을 잘 수없는 상황에 대해

[너-메시지]　“당신 때문에 잠을 못 자!”

[나-메시지]　“밤에 깨면 피곤해. 코골이 검사를 예약해 보는 건 어떨까? 아니면 거실에서 따로 자는 건 어때?”

정리정돈·청결

집안 정리를 제대로 못하는 상황에 대해

[너-메시지]　“당신 방과 창고는 왜 그렇게 지저분해?”

[나-메시지]　“나는 집안이 어지러우면 스트레스를 받아. 주말에 함께 정리하자. 거실 바닥은 당신이 맡아 줘.”

성생활·스킨십

수동적이고 무관심한 아내에 대해

[너-메시지] "왜 나만 애정표현을 해야 해?"

[나-메시지] "좋거나 싫은 것의 리스트를 정해서 공유하고, 둘만의 시간은 일주일에 2번으로 하면 어때?"

친구 모임/회식

친구 모임에 빠져 사는 남편에 대해

[너-메시지] "또 친구야? 가정은 안 챙겨?"

[나-메시지] "밤에 늦게 오면 걱정돼. 술은 적게 마신다고 약속하고, 귀가 예상 시간을 알려 주면 좋겠어. 한 달에 한 번 커플 모임도 만들고 싶어."

임신·가족계획 대화

결혼 3년차 남편이 아이를 갖고 싶은 것에 대해

[너-메시지] "대체 애는 언제 가질 거야?"

[나-메시지] "나는 아이를 빨리 갖고 싶어. 건강검진 후 의사 의견 듣고, 3개월 안에 계획표를 함께 만들어 볼까?"

가사·육아 분담

맞벌이 부부가 집안일에 도움을 주지 않는 남편에 대해

[너-메시지]　"집안일과 육아는 왜 나만 해?"

[나-메시지]　"퇴근 후엔 체력이 달려서 버거워. 아이 하원과 목욕은 당신이 하고, 평일 설거지와 빨래는 내가 하고, 주말엔 서로 교대하면 어떨까?"

자녀 학업·사교육

초등학교 자녀를 둔 가정, 사교육비 에 대해

[너-메시지]　"학원비에 돈을 너무 많이 쓰는 거 아냐?"

[나-메시지]　"교육비 지출이 커지니 불안하네. 월 상한선을 40만 원으로 정하고 분기마다 효과를 점검하자."

스트레스 관리

직장스트레스에 시달리는 남편에 대해

[너-메시지]　"맨날 예민하게 굴 거야?"

[나-메시지]　"성과 압박으로 예민해져 있는 건 알지만 매일 화를 내면 나도 힘들 때가 있어. 일주일에 두 번 정도 퇴근 후 '하소연 타임'을 갖자. 그러면 다음 날 일하는 데 도움이 될 거야."

주택대출·빚

대출이 많은 것을 알게 된 아내가 남편에 대해

[너-메시지] "대출을 왜 이렇게 늘렸어?"

[나-메시지] "대출내역을 설명해줘, 이자 변동이 걱정되네. 고정/변동 비율을 다시 보고, 매달 10일마다 가계 경제 상황을 살펴볼까?"

건강관리(운동·체중)

남편 건강관리에 대해

[너-메시지] "살 좀 빼라니까!"

[나-메시지] "건강 수치가 신경 쓰여서 걱정돼. 저녁 산책 20분이라도 같이 시작하자."

부부 시간 부족

무덤덤하게 사는 부부에 대해

[너-메시지] "우린 왜 데이트도 안해?"

[나-메시지] "일상에 치여 소홀해진 느낌이야. 매주 목요일 저녁에 1시간만이라도 휴대폰 없는 데이트를 하면 어때? 주말에는 드라이브도 하고 맛집도 가고 모텔도 가보자."

스마트폰/게임

가족이 모여도 스마트폰만 보는 남편에 대해

[너-메시지] "애 앞에서 폰만 보지 마!"

[나-메시지] "대화가 줄어 아쉬워. 저녁 7시부터 9시까지는 가족끼리 '핸드폰 없는 시간'으로 보내면 어때?"

휴가·여행 계획

뜬금없이 휴가·여행을 가자는 말에 대해

[너-메시지] "계획도 없이 또 출발하자고?"

[나-메시지] "나는 돌발 일정이 스트레스야. 한 달 전에는 일정을 정해 주면 좋겠어."

소비 성향 차이

집을 사기위해 절약하는 가정에서

[너-메시지] "쓸데없는 걸 왜 사?"

[나-메시지] "예산 안에서 사면 좋겠어. 개인 용돈은 월 20만 원씩 사용하되, 10만 원이 넘는 구매는 미리 공유하면 어떨까?"

자녀 독립·지원

50대 중년 남편이 아내에게

[너-메시지]　"또 애한테 퍼 주네!"

[나-메시지]　"노후 자금이 걱정돼. 아이에게 지원하는 것에 원칙을 세워서 교육·의료 분야에만 연 2회 50만원 한도로 정해 볼까?"

은퇴·노후 자금 설계

[너-메시지]　"당신은 경제관념이 없어!"

[나-메시지]　"앞날이 불안해. 연 2회는 함께 자산을 점검하고, 퇴직연금 수익률도 분기마다 점검해서 안심하며 살고 싶어."

건강검진·만성질환 관리

[너-메시지]　"검진 좀 가라니까 왜 미뤄?"

[나-메시지]　"건강이 좋지 않은 것을 너무 늦게 발견할까 봐 두려워. 이번 주 예약은 내가 잡을 테니, 건강검진을 받으면 마음이 든든할 것 같아."

취미생활

[너-메시지] "취미에만 빠져 살 거야?"

[나-메시지] "시간을 함께 더 보내고 싶어. 일주일에 2회 취미 시간을 보장하는 대신 주말 반나절은 함께 등산이나 전시를 보러 가는 활동을 하면 어떨까?"

집 정리·물건 처분

[너-메시지] "왜 그걸 못 버려?"

[나-메시지] "물건이 너무 많으니 집이 답답하게 느껴져. '보관·기부·판매' 규칙을 세워서 토요일에 같이 정리하자."

사회 모임·동호회 참석

[너-메시지] "그 모임은 그만 나가!"

[나-메시지] "당신의 인간관계도 존중하고 싶어. 오후 11시 전에 귀가하고, 연락도 하고, 한 달에 한 번은 같이 참석해서 균형을 맞추자."

약 복용/건망

[너-메시지]   "또 약 빼먹었지!"

[나-메시지]   "약을 거르면 걱정돼. 아침 8시 알람을 맞추고, 내가 물을 준비할게. 당신은 약 먹었는지 체크해 줄래?"

운전 중단 논의

[너-메시지]   "당신 운전은 위험해!"

[나-메시지]   "사고가 날까 봐 걱정돼. 주간에만 운전하고, 야간 운전과 고속도로 운전은 하지 않는 대신 대중교통을 이용하면 어떨까?"

보청기/의사소통

[너-메시지]   "귀가 어두워서 말이 안 통해!"

[나-메시지]   "같은 대화를 세 번 넘게 반복하면 지쳐. 이번 주에 보청기 점검하러 같이 가자. 말할 때는 정면에서 천천히 해 볼게."

체력·낙상 예방

[너-메시지] "걷는 모습이 왜 그 모양이야!"

[나-메시지] "넘어질까 걱정돼. 보폭을 줄여 천천히, 계단 대신 엘리베이터를 이용하고, 매일 15분 집에서 스트레칭을 같이 하자."

식습관·혈당/혈압

[너-메시지] "반찬이 왜 이렇게 짜?"

[나-메시지] "혈압이 올라 걱정돼. 국물은 반 공기만, 간식은 주 2회, 토요일은 자유식으로 할까?"

참, 결국은 나 자신이었습니다

이 책의 마지막 페이지를 넘기시는 여러분, 긴 여정을 함께해 주서서 감사합니다. 당신은 처음에 어떤 마음으로 이 책을 집어 드셨나요? 아마도 "도대체 저 사람은 왜 저럴까?", "어떻게 하면 내 말을 듣게 할까?"라는 답답함과 간절함이 있었을 겁니다. 나를 힘들게 하는 상사, 말이 통하지 않는 배우자, 속을 썩이는 자녀… 그들을 변화시킬 마법의 주문을 기대하셨을지도 모르겠습니다.

하지만 1장부터 10장까지 숨 가쁘게 달려온 지금, 우리는 아주 놀랍고도 평범한 진리 하나를 마주하게 됩니다.

"문제의 열쇠도, 해결의 열쇠도 결국 내 주머니 속에 있었다"는 사실입니다.

우리가 지나온 길: 마음의 지도를 펼치다

돌이켜 보면, 우리는 꽤 치열하게 우리의 마음속을 탐험했습니다.

나를 이해하는 시작(1~3장): 내 안에 엄격한 부모(CP)와 자유로운 아이(FC), 때로는 순응하고 반항을 하는 아이(AC) 그리고 냉철한 어른(A)이 공존하고 있음을 알게 되었습니다. "내가 성격이 이상한 게 아니라, 상황에 따라 다른 자아를 쓰고 있었구나"라는 깨달음이 우리를 안도하게 했습니다.

관계의 비밀을 풀다(4~5장): 우리는 밥만 먹고 사는 게 아니라 '인정 자극(Stroke)'을 먹고 산다는 것을 배웠습니다. 주고받는 대화의 패턴(교류)을 분석하며, 왜 칭찬을 하려다 싸움이 되는지, 왜 우리는 매번 똑같은 심리 게임에 휘말리는지 그 원인을 파헤쳤습니다.

운명을 바꾸는 도구들(6~8장): 어릴 때 쓰인 '인생 각본'이 지금의 나를 조종하고 있었다는 사실은 충격이었습니다. 하지만 우리는 **'나 전달법**(I-Message)'이라는 강력한 도구를 손에 쥐었고, 각본을 다시 써 내려갈 펜을 잡았습니다.

현장의 증거들(9장): 그리고 우리는 보았습니다. 지옥 같던 직장이, 냉랭하던 안방이 어떻게 변하는지를요. 그 기적의 시작점에는 상대방의 개과천선이 아니라, '나의 작은 변화'가 있었습니다.

결국은, 나 자신이었습니다

많은 분이 제게 묻습니다. "작가님, 제가 말투를 바꾼다고 저 사람이 변할까요?"

저는 이제 확신을 가지고 대답합니다. "네, 변합니다. 당신이 변하면, 세상은 당신을 다르게 대할 수밖에 없습니다."

교류 분석(TA)은 상대를 분석해서 이겨 먹기 위한 무기가 아닙니다. 내 마음의 창문을 닦는 도구입니다. 내가 색안경을 끼고 세상을 보면 세상은 그 안경에 따라 온통 붉거나 푸르게 보입니다. 하지만 내가 맑은 눈(A)으로 상대를 바라보고, 따뜻한 마음(NP)으로 먼저 손을 내밀면, 상대방의 거울 뉴런도 반응하게 되어 있습니다.

상대가 비난의 화살을 쏠 때 같이 활을 겨누는 대신, 방패를 내려놓고 "많이 힘들었구나."라고 먼저 말해 주는 용기. 그것은 오직 성숙한 '나'만이 할 수 있는 선택입니다.

우리는 남을 바꿀 수 없습니다. 그것은 신의 영역입니다. 하지만 나를 바꿀 수는 있습니다. 그것은 인간의 영역이자, 나의 권능입니다.

책을 덮으며: 당신의 새로운 각본을 위하여

독자 여러분, 이 책은 여기서 끝나지만, 당신의 진짜 이야기는 이제부터 시작입니다.

오늘부터 당장 실천해 보십시오. 아침에 눈을 뜨면 거울 속의 자신에게 긍정적 스트로크를 주십시오. 출근길, 짜증 난 동료에게 팩트 대신 위로를 건네십시오. 퇴근 후, 지친 배우자에게 비난 대신 감사를 표현해 보십시오.

처음엔 어색하고, 때로는 실패할 수도 있습니다. 익숙한 습관(부정적 각본)이 불쑥 튀어나올지도 모릅니다. 그래도 괜찮습니다. "아, 내가 또 옛날 방식으로 반응했네?"라고 **알아차리는 것**(Awareness), 그것만으로도 이미 엄청난 변화입니다.

당신의 입에서 나가는 말이 바뀌면, 당신의 표정이 바뀝니다. 표정이 바뀌면 관계가 바뀌고, 관계가 바뀌면 운명이 바뀝니다.

『내 운명을 바꾸는 슬기로운 대화법』 그 기적의 주인공은 바로 이 글을 읽고 있는 **'당신'**입니다.

부디 당신의 말이 칼이 아닌 꽃이 되어, 당신과 당신이 사랑하는 사람들의 삶을 아름답게 꽃피우기를 진심으로 응원합니다.

감사합니다. 사랑합니다.

저자 이다행 드림